どんどん使っても
みるみる貯まる

ストレスゼロの
絶対貯金

佐々木裕平

青月社

はじめに

節約に うんざりしてたら 今すぐやめて！

この本は、「節約をやめて楽しく使い切っても、お金が貯まる方法」を書いた本です。

より詳しくいいますと、こうです。

・ある簡単な貯蓄の仕組みを使って「最初に貯める」

・残りのお金を毎月「使う」「節約しない」「余っても貯めない」

最初は違和感があるかもしれませんが、この本を読むと、次のことがわかるようになります。

・お金持ちになるには節約は必要ないし、実は節約しなくても困ら

ない

・貯めようと思わなければ、お金は貯まる。すべては仕組み次第

そんなバカな、と思われるかもしれませんが、本当です。

やり方が簡単すぎて、たぶん拍子抜けするでしょう。

だからこそ、この本は**「節約にうんざりしている・楽をしてお金を貯めたい・お金持ちになって楽しく暮らしたい」**という人にぜひ読んでいただきたい本です。

私は、節約が嫌いなファイナンシャルプランナーです。

ですが、以前の私は〝節約の鬼〟でした。

会社員時代にうつ病になり、退職し、無職になったときがそうでした。

収入がほとんどありませんから、ありとあらゆる節約をしました。電気をつけないなんて序の口。冬場でもお湯は沸かさずに、水風呂で過ごしていたこともあります。服はいつもボロボロ。新しい服は買いません。遊ぶこともありません。床屋や美容院にも行かずに、いつもバリカンで髪を丸刈り。パッと見は不審者そのもの。食事はいつも納豆チャーハン。栄養と金額を考えると、これが最高の贅沢でした。

でも、当然ながら**毎日が楽しくありません**。なぜか?

お金が自由に使えないからですね。お金を自由に使えないと、手足を縛られたように身動きができません。とはいえ、お金を使うと将来が心配。ですから結局、節約生活を続けてしまいます。

「なんとかしてこんな自分の世界を変えたい！　お金の心配をなくしつつ、楽しく暮らしたい！」

いつもそう思っていました。そこで朝から晩までお金の勉強をしました。無職でしたから、時間だけはありました。

それから数年後、私は国家資格の1級ファイナンシャルプランニング技能士を取得しました。現在は「広島市で一番わかりやすい投資セミナー講師」として投資セミナーなどを行っています。

縁あって『入門　お金持ち生活のつくり方』（こう書房）という本まで出版していただきました。

お金について色々な勉強をしているうちに、徐々に貯蓄と節約のジレンマを解決する方法がわかってきました。それは、実に意外なことに、とても簡単なことでした。

お伝えしたいポイントは、大きく分けて三つだけ。

・節約をしながらお金を貯めては絶対にいけない

・「貯めない決意」をすれば、必ずお金は貯まる

・その上で、毎月お金を楽しく使い切れば、いいことがたくさん起こる

「お金持ちになる」ということは、必ずしも贅沢をして余るほどのお金がある状態を指すのではありません。

将来のための貯蓄がしっかりできて、将来の不安がなくなり、毎日の生活に余裕ができることも、立派な「お金持ち」の条件だと私は思います。

あなたが「人生の楽しさまで節約する節約」から解放され、しっかりお金が貯まり、楽しくお金が使える毎日を手に入れられますように。

節約が嫌いなファイナンシャルプランナー　佐々木　裕平

ストレスゼロの**絶対貯金**

もくじ

はじめに　節約にうんざりしてたらいますぐやめて！　3

第1章
あなたが貯められないホントのワケ　15

コレを知らなきゃ変われない　16
「お金が貯まらない！」きっと10年後も同じセリフを言っている　18
年収が1千万円になってもあなたは貯められない　23
実は、貯蓄ができないのが当たり前　26

第2章
お金が勝手に貯まる仕組みのつくり方　31

あなたに必要なのは「貯めない決意」！　32

一度に5人以上と浮気しながら貯めなさい　36
「貯めながら節約する」は絶対にやっちゃダメ！　38
貯金の計画を立ててはいけない　43

第3章

節約をやめたら、誰でもお金持ちになれる　51

正しいお金の使い方 基本編①

節約をしているからお金に困るし、楽しくない　52
お給料は、毎月残らず使い切りなさい　57
生活費は、30日分以上手元においてはいけない　61
今すぐ「鼻セレブ」を買いなさい　65
「とびっきり」だけが、いい流れを引き寄せる　67
黄金のトンネルを掘ったら、そのまま維持しなさい　70
お給料が出たら、まず伊勢丹へ行きなさい　73

第4章

人生が輝く衣・食・住の秘訣

正しいお金の使い方 基本編②

77

衣その1 パジャマ姿で行ける距離＝あなたの限界 78

衣その2 ファストファッションよりも「片付け」に夢中になりなさい 83

衣その3 ハイブランドよりも、「ミドルブランドの上」が正解 86

食その1 食費は値段ではなく「スキ・キライ」で判断する 91

食その2 三ツ星レストランのシェフにケンカを売りなさい 94

食その3 お昼ご飯はコロコロお店を変えなさい 97

住その1 居住費を大きく下げる裏ワザ、ズバリ教えます 101

住その2 「電気代はタダ」と思い込みなさい 106

住その3 「汚部屋でヨガ」をすると金運が上がる 109

第5章

もっと自由にお金を使う

正しいお金の使い方 応用編

もっと自由にお金を使う 115
賢い人の財布の中身 116
恋愛でも買い物でも、後悔した瞬間に答えは出ている 120
心の押し入れから起き上がる商品を買いなさい 123
クリスマス前には、品名・色まで細かく指定してプレゼントを要求しなさい 127
お金をあげるとき・貸すときは、とにかく値切る 130
一番損する買い物はコレ！ 133
奥義！「お金の満足点リセット！」の術 135
ムダ使いをしたくないなら、ときどきパチンコ屋へ行きなさい 138
投資をするなら、興味がなくて苦手なものを選択肢に挙げてみる 141

第6章
正しいお金の管理のしかた 147
家計簿は買わなくてもいい 148
家計簿をつけるなら月に2回だけにしなさい 151
月末にたっぷりお金が残ったら反省しなさい 153
ボーナスは毎月もらいなさい 155
まじめな人は、真剣にムダ使いをしなさい 157

第7章
家計を変えれば人生も変わる 163
あなたがわがままになるだけで、みんなが喜ぶ 164
それでもお金が足りないのなら 168
実は、何をやってもダメなときこそ、うまくいく 172
今日から節約とは「さようなら」 そして、優しいあなたに「おかえりなさい」 176

おわりに　北風と太陽 180

第1章 あなたが貯められないホントのワケ

あなたは、貯蓄ができない自分のことが嫌いではありませんか?
でも大丈夫。実は、貯蓄ができないのは、人として当たり前なのです。

コレを知らなきゃ変われない

多くの人は、こう思っています。

「収入の多い／少ないが、ゆとりある人生を左右する」

これがもし本当なら、収入の少ない人は一生、ゆとりのない人生を歩み続けなければなりません。そんな人生はイヤではありませんか？　あらかじめ不幸になる人生が決まっている世界なんて、私はイヤです。

それに、収入が多くてもゆとりが生まれない家庭も存在します。反対に、収入が少なくてもゆとりが生まれている家庭もあります。

いったい、何が違うのでしょうか？　昔の私は、その答えを日々探していました。その結果、次の三つの要素がゆとりの大小を左右しているとわかってきました。

① 貯蓄方法の違い
② お金の使い方の基本的な知識を知っているかどうか
③ お金の参照点を知っているかどうか

①と②については、これからじっくりと説明します。問題は③の「参照点」という言葉。なんだか馴染みがない言葉ですが、経済や投資の世界ではときどき耳にする言葉です（参照値やリファレンスポイントともいいます）。

ざっくばらんにいうと、意味は**「動く基準点」**。

……変な言葉ですね。一般的に考えれば、基準点は動かないから基準点であるはずです。それが「動く」とはどういうことでしょうか。

もう少し簡単にいうと、参照点とは**「お金の満足点」**です。

初めて聞いたと思いますが、お金の正しい使い方を理解するには、実は避けては通れない重要な言葉。順を追って説明していきます。

「お金が貯まらない！」きっと10年後も同じセリフを言っている

ところで、世間の人々はきちんと貯蓄ができているのでしょうか。
２０１５年の金融広報中央委員会の調べによると、貯蓄がゼロの世帯は全体で30・9％。つまり、「**日本の全世帯のおよそ3割は貯蓄がないですよ**」というデータです。

この3割は、必ずしも低収入の世帯ばかりではありません。年収が５００万円以上あっても、どういうわけか収支が毎月ギリギリという世帯もあるのです。そのため、収入が多くても少なくても、お金の不安にさいなまれることになります。

ですから「収入が少ないから、いつまでも貯蓄ができない」という考え方は、間違っています。

いくらお給料が増えても、通常はお金が貯まりません。貯めている人でも貯蓄ペースが上がりません。それには理由があります。カギとなるのは、先ほど出てきた「お金の満足点」です。

たとえ話ですが、タイムマシンで今から60年ほど前に行き、10歳のAさんに「プレゼントをあげます」と言ってバナナを一房プレゼントするとします。

Aさんの反応は……大喜び！

なにしろ、60年ほど前はバナナが高級品。一説には、現在の価値に直すと5千円から1万円程度もしたといわれています。現在の高級メロン並みの価値ですから、この時点でのAさんにとってのバナナに対する「お金の満足点」は、高級品だったのです。そのため、Aさんに喜んでいただけたのです。

再びタイムマシンで現代に戻りましょう。

現代のAさんは70歳。60年前と同様に「プレゼントをあげます」と言ってバナナをプレゼントします。

Aさんの反応は……ちょっとがっかりです。

それも当然。現在、バナナは比較的安くて、いつでもどこでも買えますから。「どうせもらえるなら、もうちょっといいプレゼントが良かったのに……」というのがAさんの本音かもしれません。現在では、Aさんのバナナに対する「お金の満足点」が、高級品から安価な品へと変化してしまったのです。

おもしろいですね。基準点なのに変化する。それこそが「お金の満足点」なのです。

ところで、バナナの品質は変わってしまったのでしょうか?

いえ、バナナはバナナのままですね。売り場や輸送方法は変わっても、基本は変わっていません。ただ、売り値や流通コストが変化してしまっただけです。人の「お金の満足点」は動いてしまうものなのです。

話を元に戻しましょう。

収入が増えても貯蓄ができない理由は、「動いてしまうお金の満足点」にあるのです。

お給料が今より10万円上がっても、10万円は貯められません。それは、お給料

収入が増えても貯まらないワケ

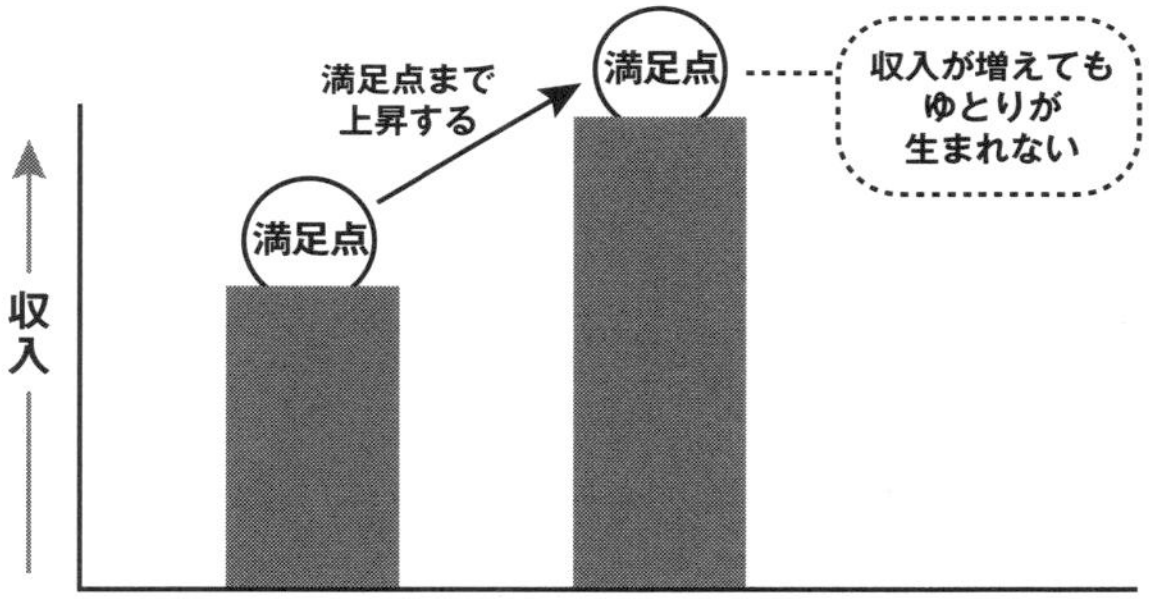

▶▶▶ 収入が増えても、その分お金の満足点は動いてしまいます。
このままでは10年経ってもお金にゆとりは生まれません。

と一緒に「お金の満足点」が動いてしまうからなのです。そして、**「お金の満足点」を意志の力で押さえつけようとする行為こそが節約だ**というワケです。

ですが、それは普通の人には至難のワザ。節約ができないのは、別にその人がおかしいわけでも、意志薄弱でいい加減な人間だからでもありません。お金の満足点が動いてしまうのが人間なのですから。

ですから、あなたが貯蓄をできなくても、それは何も不思議なことではありません。普通のことなのです。

そして、これこそが、あなたがいまま

で節約をしても、お金が思うように貯められなかった理由なのです。

そうかといって、貯蓄をあきらめるわけにもいきませんね。

でも大丈夫。これから、お金の正しい貯め方と使い方を紹介していきますから、ご安心を。

年収が1千万円になってもあなたは貯められない

お祭りなどの露店で、金魚すくいのほかに「スーパーボールすくい」というのがあるのをご存知でしょうか?

スーパーボールとは、普通のゴムボールのように中が空洞になっておらず、中までぎっしりとゴムが詰まったボール。そのため、通常のゴムボールよりも反発力が「スーパー」なのです。

このスーパーボールを力強く地面に叩きつけると、反発して空高く跳ね上がりますが、どうやらこの反発の特性は「お金の満足点」にも存在するようです。

節約を強く意識すればするほど、ストレスが溜まり、お金の満足点が抑え込められ、反発力が高まります。すると、ふとしたはずみで一気に上昇してしまうことがあるのです。そう、まるでスーパーボールのように……。

このように、**我慢しすぎて「お金の満足点」が一気に上昇すると、それまでの節約を帳消しにしてしまうようなムダ使いや高額の買い物をしてしまいます**。別に高額の買い物がいけないのではありません。突発的に不要な物を衝動買いしてしまうのがいけないのです。

これでは、節約をすればするほど逆効果。どうにかしてこの反発力を抑え込まなければいけません。どうしたらいいと思いますか?

答えは「**押さえつけなければいい**」です。

スーパーボールは、投げる力が強ければ強いほど、大きく反発します。転がして放っておけば、もちろん、反発することはありません。

出費も同じです。節約しようとすればするほど、苦しんだ挙げ句にムダ使いをしてしまいます。反対に、「お金の満足点」も、節約をしなければおとなしいのです。

……実に当たり前です。

ですが、多くの人は今日も節約に一生懸命です。

そろそろあなたの「お金の満足点」を、節約の圧力から解放してあげてはどうでしょうか。

実は、貯蓄ができないのが当たり前

この章の最後に、貯蓄ができない理由をもう一つ。それは、**人は「せっかちだから」貯蓄できない**のだということです。

「私は別にせっかちな性格ではないけれど」

そう思う人もいるでしょう。しかし、ここでいう「せっかち」とは、その人個人の性格を指すのではなく、人が本来持っている根本的な性質のようなものだと思ってください。

あなたが宝くじに当たったとします。お金の受け取り方は次の2種類。どちらがいいですか?

・今日、100万円を受け取る
・来年、105万円を受け取る

今日もらえるよりも、来年もらえるほうが5万円も多く受け取れます。年率では5%のアップですから、数字だけ見れば1年待ってからもらったほうがお得です。もしも100万円をすぐに使う用事がないのであればなおさら、来年もらったほうが得策（つまり、貯蓄と同じこと）ですね。

ですが、一般的には「今日、100万円を受け取る」ほうを選ぶ人が多い傾向にあります（つまり、貯蓄をしない）。私だって、今日欲しいです。

たとえ来年もらったほうが5万円もお得であっても、今すぐもらったほうが、なんだかお得でうれしいような気がするからです。冷静に考えればどこかちぐはぐな考え方ですが、どうしてもそう思ってしまいます。

なぜそのように思うのでしょうか？

それは、人にはせっかちという基本的な性質があるからです。人はせっかちな性質を持っているから、将来の貯蓄よりも、今お金を使うほうに幸せを感じやすいのです。

今の例では、増えたお金がもらえるのが「来年」という近い将来でしたが、これが30年後、50年後ならどう感じるでしょう。ますます魅力的に感じませんね。長期の定期預金や生命保険、各種年金などにあまり魅力が感じられないのも、この性質の影響です。頭では「お得」とわかっていても、気分が乗らないのです。

ちょっと損でも、いますぐお金がほしい。

せっかちだから、直感的に未来にお金を残すことに幸せを感じない。

だから、人は「自分の意志では貯蓄ができない」のです。

ならば、貯蓄をあきらめる？　いえいえそんな、もったいない。あきらめる必要なんて、ちっともありません。

実は、**「誰でも」「がんばらなくても」「しっかり確実」**、しかも**「カンタンに貯まる」、そんなウソみたいな方法があるのです。**次の章から具体的なその仕組みのつくり方を見ていきましょう。

その仕組みをつくった上で、3章以降で触れる「正しいお金の使い方」を知ってください。そうしたら、節約とバイバイすることができます。

第1章
あなたが貯められないホントのワケ

POINT!

・貯金に、収入の多い／少ないはあまり関係ない
・収入が増えてもお金は貯められないのが普通
・貯められない原因は「動いてしまうお金の満足点」にある
・節約をすればするほど、貯めるのが難しくなる
・節約をしないことが、結果としてムダな出費を抑える
・人はせっかちだから、自分の意思ではお金を貯められない

第2章 お金が勝手に貯まる仕組みのつくり方

それでは、「がんばらなくても貯まる仕組み」のつくり方を見ていきましょう。

仕組みをつくるのは、とても簡単です。

しかも、一度つくってしまえば、あとはなにもしなくていいのです。

あなたに必要なのは「貯めない決意」！

「頑張って貯めよう！」などと思ってはいけません。

必ず途中で挫折するからです。

最初にあなたに知ってほしいのは、「貯めない決意」の必要性です。

この本で述べる「貯める仕組み」のつくり方は、ちょっと変わっています。驚かれるかもしれませんが、家計簿は使いませんし、節約もしません。

最初に用意するものは「印鑑」です。

次にすべき行動は、あなたのお給料が振り込まれる銀行などの金融機関の窓口へ行くこと。そしてあなたは、窓口でこう相談してください。

「自動積立《じどうつみたて》を申し込みたいのですが……」

すると、窓口の人が丁寧に説明してくれるでしょう。

自動積立は、正確には「自動積立定期預金」などといいます。ポピュラーな名称ですが、実は大変優れた仕組みなのです。おすすめするポイントはこちらです。
・毎月の貯蓄額が自分で決められる
・毎月、自分の決めた日に引き落としできる
・お給料とは別の口座に自動的にお金が貯まるので、普段使うお金と別に管理できる
・ボーナス月だけ積立額を増やすこともできる
・収入が増減したら、途中で毎月の積立額を変えることもできる
・基本的にいつでも解約できる
・解約する際には窓口での手続きが必要なので、衝動的な取り崩しが防げる
　（※詳細は金融機関により異なるので、あなたの町の銀行で確認してください）

そして、最大のメリットはこちらです。

・一度、自動積立の仕組みをつくったら、後は基本的に何もしなくていい
・節約して貯金しなくても、勝手にお金が貯まる
・気がついたら資産ができている

まるで夢のような仕組みです。

自動積立を利用すれば、「貯めよう」という考えは不要です。**まず必要なのは、自動積立をあなたの家計に導入し、「貯めない決意」をすること**です。

その理由は、自動積立を導入したら、あとは放っておいてもいいから。毎月決まった日に、決まった金額が勝手に口座から引き落とされるのです。

引き落とし日は、お給料日の直後に設定するのがおすすめです。こうすることで、節約をしなくても、毎月安定して定額が貯蓄できます。

非常に簡単な方法ですが、これが一番確実な貯蓄方法なのです。

自動積立を組むときに頭に入れておいてほしいことは、「金利（利子）で増やすための貯蓄ではない」ということです。

普通の預貯金は、金利が低いものです。それでも一般的に、預け入れている期間が長い定期預金のほうが利率が高い（利子が多い）傾向にあります。

ですが、それを追求すると超長期の定期預金になり、非常に使い勝手が悪くなってしまいます。自動積立の仕組みをつくるときは、あくまでも単純に「貯めるだけの口座」と割り切ったほうが、気持ち的にも楽です。

一度に5人以上と浮気しながら貯めなさい

自動積立のつくり方とメリットが、おわかりいただけたでしょうか？

一番簡単な貯蓄の方法は、自動積立。銀行の混雑状況にもよりますが、今日、今からでもつくれます。私の場合は20分くらいでできたでしょうか。

銀行で始められる自動積立以外にも、優れた自動積立の仕組みはたくさんあります。

老後の資金を貯めたいならば個人年金、確定拠出年金、民間の保険商品。数年後にまとまった資金計画が必要なら、会社の各種財形、郵便局の養老保険などの各種保険が最適です。普段から意識することはありませんが、会社員ならば厚生年金や企業年金、自営業者なら国民年金や国民年金基金もこれに当てはまります。

これらの共通点はいずれも「使う前に貯められること」であり、「一度仕組みをつくったら、後は何もしなくていいこと」です。

同時に、とても大切なのは、これら**複数の自動積立を「どれか一つにまとめないこと」**です。

どれか一つにまとめてしまうと、解約をした瞬間に「自動的に貯める仕組み」がストップしてしまいます。それに、老後・住宅・教育などの費用がごちゃ混ぜになってしまい、必要なときに必要なだけお金を使うこともできません。

モノにもよりますが、途中で解約すると損をしたり、そもそも途中で引き出せなかったりする仕組みのものもあります。

いつでも解約・変更できる銀行の自動積立を中心にして、五つ程度の仕組みを同時に利用すると便利でしょう。

「貯めながら節約する」は絶対にやっちゃダメ！

「自動積立？　そんなのもうとっくにやっているよ！　でも生活が苦しくてゆとりがないんだよ！」

と反論される方もいるでしょう。その方はおそらく、こうしているはずです。

「『自動積立＋節約』をして、残りを貯蓄している」

これではいけません！　最悪です。この場合、節約一辺倒の生活よりも、さらにゆとりが失われてしまいます。

なぜなら、二重に貯蓄をしているからです。必要以上に自分をがんじがらめにしてしまっています。

そうではないのです。

節約と貯蓄を完全に切り離すことが最重要ポイントなのです。**貯蓄はすべて自動積立におまかせしてください。**

「自動積立をした上で、さらに節約して残りを貯蓄しよう」などと、間違っても考えてはいけません。欲張りすぎているのです。貯めながら節約するのは、普通の人には不可能です。

こう思われた方もいらっしゃるかもしれません。

「なんだ、ただの自動積立か……もっとスゴい答えを期待していたのに、ガッカリだ」

ですが、この自動積立という方法が最高の貯蓄方法なのです。収入の多い少ないにかかわらず、誰にでも確実にできます。確定拠出年金などは少々ややこしいですが、銀行の自動積立なら、何も難しいことはありません。

あまりに身近すぎて、逆に気がついていない方が多いのではないでしょうか。

この「先に回収する仕組み」を利用して、会社員から確実にお金を吸い上げている機関もあります。どこでしょうか？

答えは、国や自治体です。

その仕組みは一般的に「天引き」と呼ばれています。天引きとは、会社員のお給料からあらかじめ各種税金・各種社会保険料を差し引いて、回収してしまう仕組みです。残ったお金は手取り（可処分所得）と呼ばれます。

会社員の方は、給与明細をよく見てください。なんだかよくわからない名目も含めて、あらかじめ毎月数万円が勝手に引かれています。毎月にすると数万円ですが、一生では数千万円が引かれてしまうことになります。

でも、天引きから逃れる方法なんてありませんね。なにしろ、手元にお金が届く前に引かれてしまうのですから。「毎月、頑張って税金を納めている」という感覚を持っている会社員の人なんて、いないでしょう？

人は、手元にあるお金が減ったときにのみ、後悔や「もったいない」という感情を抱きます。逆にいえば、**手元に渡る前に減ったお金に関しては無頓着**なのです。ですから、自動積立をして手取りのお給料が減っても、毎月の貯蓄額が適正であれば何も感じません。**精神的な苦痛を伴うことなく貯蓄が進む**のです。

もう一つ、例を挙げましょう。

ひと昔前のテレビドラマで、借金取りがアパートや家に押しかけ、「お金を返せ！」などと叫ぶシーンがありました。でも、現実には、この方法ではどうやっても回収率が悪いのです。なにしろ、相手はすでにお金を使ってしまっているから返せませんし、一度手にしたお金は手放したくないのが人情です。家に回収に行くのは、二流の借金取りです。

一流の取り立て屋は、お給料日に会社の入り口で待っているものです。そしてそのまま銀行へ行って、直接口座からお金をおろさせて回収します。

先に回収するか・後で回収するかの違いですが、回収率は「先」が１００％。「後」では、回収できたりできなかったりします。

大切なことは、私たちがこの最強の取り立て屋の仕組みを逆に利用することができるかどうかなのです。それが、誰にでも利用できる自動積立なのです。

もう一度言います。

あなたがすでに自動積立にチャレンジしているのにもかかわらず生活が苦しい

のは、「『自動積立＋節約』をして、さらに残りを貯蓄しよう」と考えているからです。

返済した後に再度、借金取りが取り立てにやってくるようなものです。

ちっとも楽しくありませんよね。

貯金の計画を立ててはいけない

「そうはいっても、現実問題として、毎月定額を積み立てるのは大変だ」

「以前、自動積立を利用していたけど、うまく続かなかったよ……」

という方もいるでしょう。

あなたが失敗した理由は明らかです。

ズバリ「**頑張りすぎ**」です。

最初から頑張って、毎月「高額を貯めよう」と思ってはいけません。いつか無理がたたって、解約をしてしまうからです。思い出してください。あなたに必要なのは「貯めない決意」でしたね。

この仕組みでは「ちょっとだけ貯めよう」が正解です。最初から3万円や5万円なんて貯めなくてもいいのです。はじめは数千円でかまいません。

より具体的にいうと、五つ程度の自動積立をつくるときには、それぞれ「低すぎる金額」から始めることがおすすめです。いきなり一つの口座ごとに1万円以上の高額を設定してしまうと、合計で毎月5万円以上からのスタートになってしまいます。これではハードルが高すぎます。

最初は「少なすぎるかな？　カンタンすぎるかな？」と思うくらいの金額から始めてください。

社会人1年生の方なら、初年度は一つの自動積立だけつくって、毎月5千円でも十分です。お給料が増えたら、新たに仕組みを追加したり、金額を増額すればいいのです。

34ページでも少し触れましたが、念のために、仕組みを追加するときの注意点についてもう少し詳しく解説します。注意点とは、**自動積立の引き落とし日を必ず「お給料日の直後」に設定する**ことです。

間違っても、引き落とし日をお給料日の前日に設定してはいけません。

お給料日の前日に設定すると、「その日まで残しておかなければいけない（使えない）」というストレスが発生してしまう上に、万が一使ってしまえば貯金が計画どおりに行かなくなるからです。

お子さんがお生まれになったり、新たにローンを組んだりした場合には、柔軟に毎月の積立額を減額すればいいでしょう（種類によっては減額ができないタイプもありますので、やはり複数の自動積立を併用するのが好ましいです）。

頑張りすぎては元も子もありませんし、毎日が楽しくありませんよね。たかが貯蓄ですから、気楽に行ったほうが楽しいと思います。

そもそも、**貯蓄で最も重要なのは、「どれくらい長い期間貯められたか？」**です。このページの次の見開きにある二つの棒グラフを見てください。

上のグラフ・自動積立をしない場合は、節約を頑張れば貯まり、サボれば貯蓄が進みません。一生このサイクルを繰り返すのは、とてもしんどいもの。特に、収入の少ない時期はつらさが増してしまいます。

一方、下のグラフ・自動積立をする場合は、何もしなくても計画どおりにお金が貯まります。とても楽ちん。少額でもかまわないのです。長く続ければそれだけ金額が増えていきます。

最初にはりきって「○歳までに△百万円貯めよう！」などと貯金の計画を立てなくてもいいのです。無理な計画はただの妄想でしかありません。私自身、会社に入社したときには、将来うつ病にかかって無職になるなんて、まったく予想していませんでした。未来がどうなるかなんて誰にもわかりません。できる範囲内で積み立てるのが最善で最速の貯蓄方法です。

この章で紹介した仕組みを一度つくったら、あとは貯蓄のことなんて、きれいさっぱり忘れてあげてください。

忘れても大丈夫。自動積立は、まるであなた専属の切れ者の執事のように家計を管理してくれます。ふと思い出したときには、しっかりとお金を貯めていてくれます。

あなたはただ、最初に「しっかり貯めるように」と自動積立に命令をするだけ。あとは自由気ままにお金を使い切ればいいのです。

自動積立こそが最強！

自主的な貯蓄

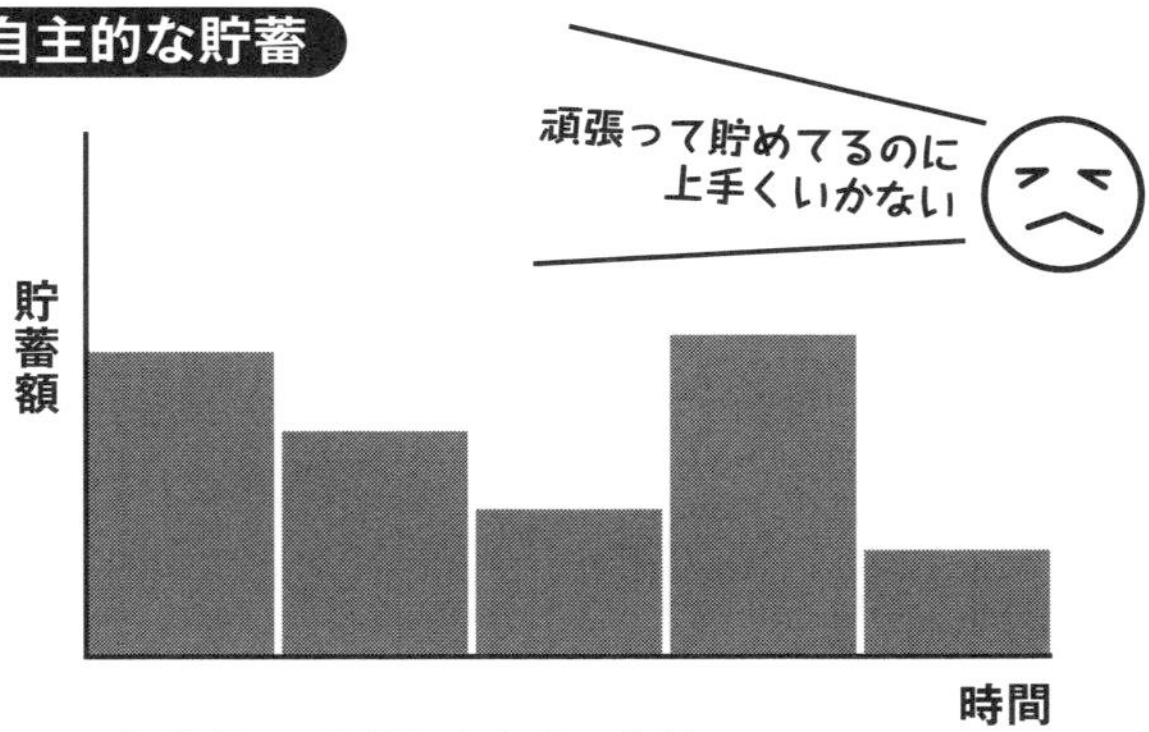

▶▶▶ 上手くいったりいかなかったり、
おまけに常に節約を意識していないと貯蓄が進まない。

自動積立

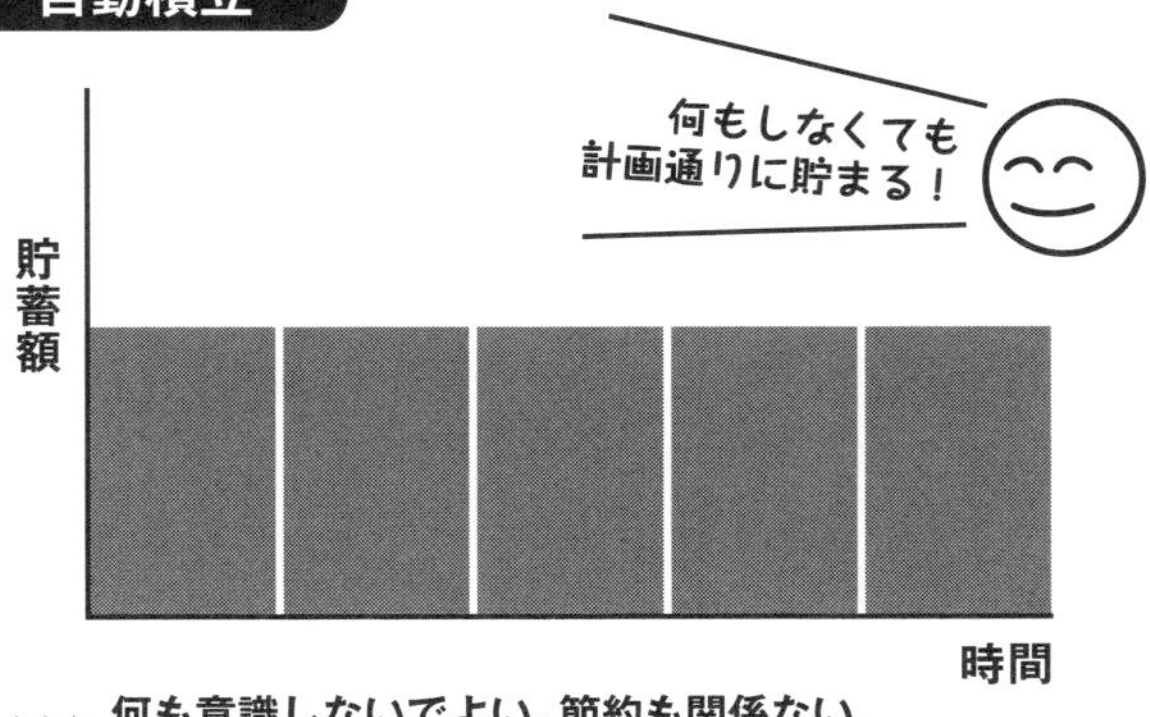

▶▶▶ 何も意識しないでよい。節約も関係ない。
確実に貯蓄は進む。

「そんなことで大丈夫なの？　なんだか心配だわ……」

いいのです。先に貯めているということは、先に節約をして頑張った結果と同じことなのです。どっちみち、お金の満足点は自分の意思でコントロールできないのですから。いっそのこと最初からコントロールしないのが正解なのです。

次章からはいよいよ「正しいお金の使い方」を一緒に見ていきます。まずは基本編①からです。

第2章 お金が勝手に貯まる仕組みのつくり方

第2章
お金が勝手に貯まる仕組みのつくり方

POINT!

・まずは自動積立の口座をつくる
・自動積立は、一つにまとめない。五つ程度を併用する
・分散していれば、一つを解約しても自動的に貯まり続けるから安心
・「自動積立をしながら節約もして、さらに残りを貯める」は絶対にダメ
・貯金は自動積立にすべておまかせする
・毎月の天引き額は「少し」が正解

第3章　正しいお金の使い方　基本編①

節約をやめたら、誰でもお金持ちになれる

これまでの人生で、あなたは色々な節約をしてきたと思います。でも、その節約という行為は、実は間違っていたのかもしれません。ムダ使いとは異なる「正しいお金の使い切り方」の基本を伝授します。

節約をしているから
お金に困るし、楽しくない

節約について、もう一歩踏み込んで考えてみましょう。

節約というのは、損な行動。「**お金の節約＝人生の節約**」です。節約に馴れると、いつの間にかあなたの人生まで節約してしまいます。

「でも……節約をしないとお金が貯められない。お金がなければ幸せになれない」

そう言い返されそうです。それがよく耳にするお金の常識だから。

ですが、それは間違いなのです。正しくは、**節約をしているからお金が貯まらないし、節約した分だけお金が足りないから毎日が楽しくない**のです。

まだ納得できませんか？　それなら、あなたに二つの質問をしましょう。

「今のあなたは幸せですか？」

「今のあなたはしっかりと貯蓄ができていますか?」

これまで節約をしてきた人は、両方とも答えがイエスでなければ、常識外れのおかしな話です。

私もかつては、恥ずかしながら「我慢して節約し、それから貯蓄すること」に一生懸命に取り組んでいました。ところが、結果はみなさんと同じです。

理由は明確です。今までのお金の常識の前提そのものが間違っていたから。実は、**今までのお金の常識は、完ぺきな人間をモデルにしてつくりあげられていた**のです。経済学では、そのような完全合理性を持った人間モデルを「ホモ・エコノミカス(合理的経済人)」と呼びます。経済学の理論どおりに動く完ぺきな人のことです。

でも、そんな人……いません!

「やせるにはどうしたらいいか?」なんて、誰でもよく知っていますよね。そう、「食事制限をして、運動をすればいい」。

でも、多くの人はできません。わかっていてもできないのです。

「食事制限＋運動＝痩せる＝健康＝そして幸せになる」

この公式を頭ではわかっていても、実行できないのです。この公式は、完ぺきな人間をモデルにした公式だからです。

実際の私たちは、ちっとも完ぺきなんかじゃありません。おやつも食べたい、お酒の後の締めのラーメンも食べたい、休日はゴロゴロしていたい……常に、正解とは正反対の行動をしてしまいます。そして、一向に進まない減量を頑張れば頑張るほど、つらく楽しくない人生になってしまいます。

ダイエットのみならず、お金の公式でも同様です。

節約して貯蓄をすれば幸せになれるのは、誰でも頭ではわかっています。ですが実際には、「あれも欲しい、これも買いたい、我慢なんてしたくない……」と思うのが私たち。

私たちは何のためにお金を節約して、貯めるのでしょうか？

本来は、人生におけるお金の不安を振り払い、金銭的なゆとりを生み、人生を輝かせるためではないでしょうか？

従来の公式は完ぺき人間用

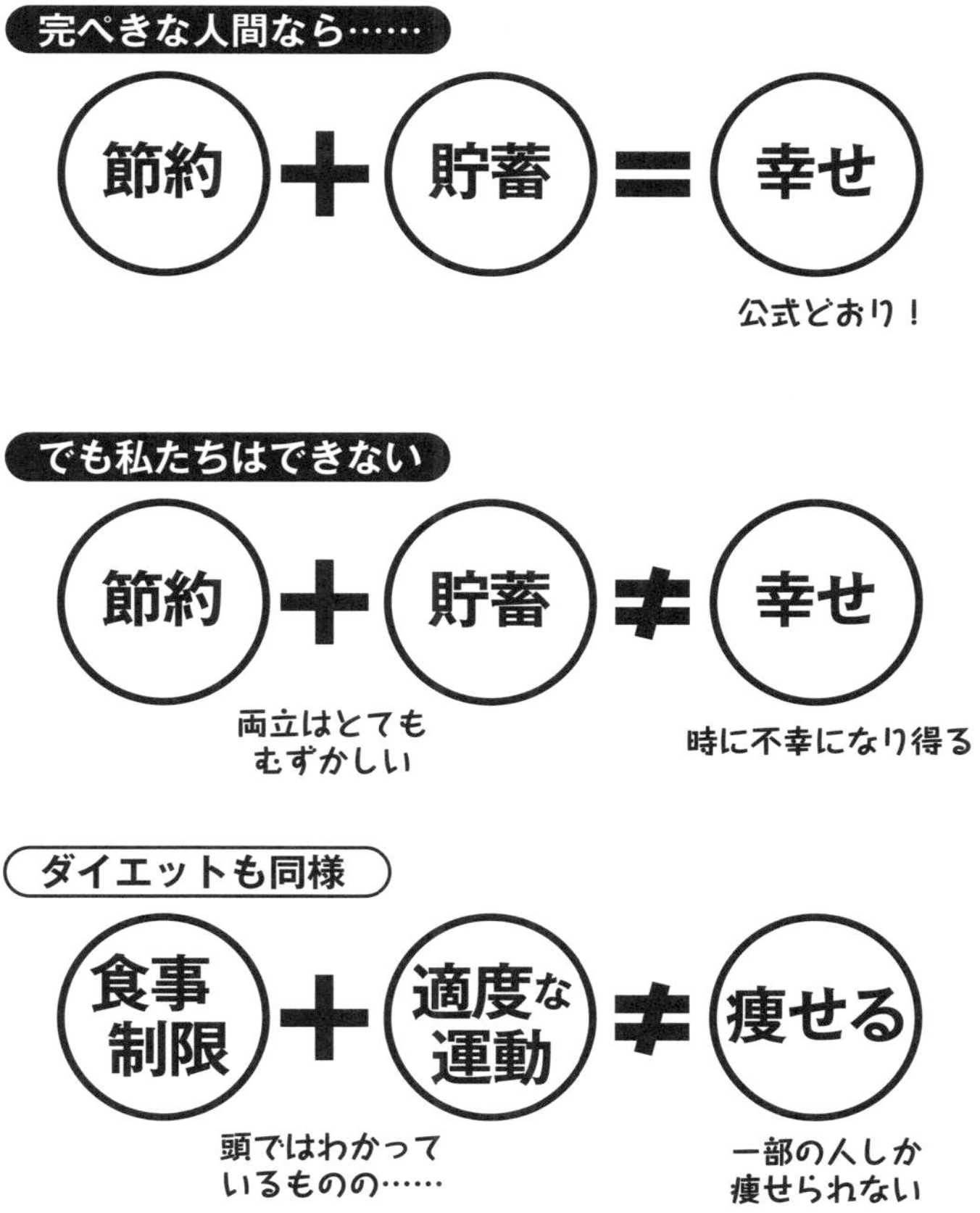

それがゴールのはず。それなのに、多くの人の行動と結果は、逆を選択してしまいます。

もうおわかりですね。

節約こそがお金の不安の原因であり、人生を曇らせる原因です。

そして、その対策はカンタン。「正しくお金を使うこと」、これだけ。

これから紹介していくお金の使い方を、どんどん実践してみてください。そうすれば、家計だけでなく、人生も良い方向へと変わっていきます。

お給料は、毎月残らず使い切りなさい

自動積立を組んだら、あなたのお金の流れは劇的に変わります。

従来の公式は「収入－節約して消費＝（残ったら）貯蓄」でした。

これでは貯蓄ペースは不安定にならざるをえません。おまけに、常に節約をしていますから毎日が楽しくありません。

仮に収入が増えても、「お金の満足点」も上昇してしまうので、単純に貯蓄額が増えることもありません。増えた分だけ使ってしまい、いつまでも貯まらないのです。この従来の公式は私たちには向いていません。

これらの問題点を「私たち用」に改善すると、「**収入－自動積立（貯蓄）＝残りを使い切る！**」となります。

先に貯蓄をもってきただけです。ポイントは、**すべての貯蓄を自動積立に一任することと。**たったこれだけですが、今まで存在していた問題点はすべて解決しています。これが私たちに必要な新しい公式なのです。

先に貯蓄をしたことで、その月はもう節約をする必要がありません。あとはお金の優先順位を決めて、使い切るだけ。ストレスは改善前と比べれば激減。毎日が楽しくなります。貯蓄もできて幸せになったのに、収入の総量は変わっていないのも面白いですね。

この新しい公式以外に、普通の人が確実に資産を貯める方法はありません。すでに説明したように、人は自分の意思で貯められないのが普通だからです。

「そうはいっても、ただの数字遊びなのでは？」

「お金を使い切るように考えても、総量が変わらないと何も変わらないのでは？」

「インチキだ！」

という反論もあるでしょう。

でも、そうおっしゃる前にまず数か月、実際に行ってみてください。あなたの

私たちの新しい公式

誰でも使える公式

※従来の公式とは、最初の流れが違うだけ。
お金の総量はまったく同じ！でも効果抜群！

収入 － 先に貯蓄 ＝ 残りを使い切る ＝ 幸せ

先に貯蓄：確実に貯まる
残りを使い切る：ストレスゼロ！

従来のむずかしい公式

収入 － 節約 ＝ 残ったら貯蓄 ≠ 幸せ

節約：しんどい
残ったら貯蓄：不確実
幸せ：多くの人は幸せになれない

頭から節約の2文字が消えるだけで、毎日が少しずつ明るくなっていきます。

もちろん、これは始まりにすぎません。この後に紹介する「正しいお金の使い方」とぜひ併用してください。

万が一、自動積立の残りのお金をその月に使い切れなくてもかまいません。翌月に繰り越してもいいのです。

ですが、**そのお金は絶対に貯めないでください！**

自動積立をしたあとのお金

は、あくまでも使うためのお金。翌月に改めて使い切る、あるいはもう少し繰り越して高額品を買って使い切るのがいいでしょう。

「繰り越す」という行為は、一見すると節約と同じような行動に見えますが、心の働きは真逆です。節約はマイナスの働きですが、繰り越しは近い将来に使うのでプラスの働きです。

安心して使ってください、貯蓄はすでに完了しています！

有名なマンガ『北斗の拳』の主人公・ケンシロウのキメ台詞「お前はもう死んでいる」ではないですが、「あなたはもう貯めている」ということです。

生活費は、30日分以上手元に置いてはいけない

「そうはいっても、冠婚葬祭などの急な出費に備えて、半年分くらいの生活費は銀行に入れておいたほうがいいですよね？」

確かに、それくらいあれば安心ですが、普通は無理ですよね。

１００万円や２００万円をいつでも使える口座に入れておくと、「つい」「ふとしたはずみで」高額な買い物をしてしまい、散財してしまうことも考えられます。あれば使ってしまうのが人の性質ですし、大体、１００万円以上の普通預金を天引きシステム以外で貯めるのは至難の業です。ですから、多くの人はいつまでたっても肝心の貯蓄が始められません。

私の意見としては、**いつでもすぐに引き出せる口座（普通口座）には、1か月**

分の生活費があれば、大丈夫だと思います。そんなことを気にするより、さっさと自動積立の仕組みを始めるほうがよっぽど価値があると思います。

「でも、それだと、急な病気で働けなくなったり、会社が急につぶれたりしたときに大変な事態になるのでは？」

と思う方もいらっしゃるかもしれません。それも確かにそのとおり。

ただ、それは主に自営業者の場合です。通常の会社員の方であれば、たいていの場合、1か月分の現金があれば大丈夫なのです。なぜか？

まず、病気で働けなくなっても、欠勤4日目から最長1年6か月間、標準報酬日額の3分の2に相当する額が受け取れる仕組み（健康保険による傷病手当金）があります。

医療費が高額になっても、個人が負担する医療費の上限は決まっています。手術などで医療費が50万円かかったとしても、支払う上限が高額にならずに済んだり、後でお金が戻ってきたりする仕組み（高額療養費制度）があるからです。

さらに、会社が倒産しても、雇用保険に加入していれば求職者給付が受け取れるようになっています（条件により給付額は異なります）。

「会社員だけど、そんなのに加入した覚えがない。保険料を払った覚えもないわ」という方でも、安心してください。普通の会社であれば、入っています。不安なら会社に確認してみてください。会社側が毎月、天引きの仕組みを使って、自動的にあなたのお給料から確実に回収・納付しています。

ですから、普通の会社員の方であれば、急な出費に備えての1か月分だけの生活費があれば、まず大丈夫なケースがほとんどです。

自営業者の方であれば、自動積立の貯蓄を一刻も早く始めてください。確実にいつでも使える非常用の資金があると、もしものときに安心できるからです。

それに、意外に思われるかもしれませんが、**手持ちが少ないほうがお金は上手に使えます**。

「でも、いざというときに困るわ」

それも心配ご無用です。「浮気しながら貯める」テクニックを学びましたね？

いつでも解約できる天引きの仕組みをいくつかつくっておけば、本当に必要なときに、すぐに引き出せます。

おまけに、複数の自動天引きシステムを同時に併用していますから、そのうち一つを崩しても、やっぱり勝手にお金が貯まっていきます。

今すぐ「鼻セレブ」を買いなさい

それではいよいよ、今すぐにできるステキなお金の使い方を、あなたにお伝えしましょう。

それは、「**単価が安いものこそ、一番高いものを買う！**」という方法です。

ドラッグストアへ行ったとしましょう。シャンプーやティッシュにトイレットペーパーなどが並んでいます。どれも単価は安いですね。

その中から、いつも買う製品よりもワンランク上、いえ、思い切って最高価格の商品をカゴに入れてみてください。

そんなに心配はいりません。一番高くても、せいぜいプラス数百円くらい。でも満足度は最高。もちろん性能も最高。もとから単価の安い日用品にこそ、少しお金を出しましょう。驚くほど簡単に、最高の生活が手に入ります。

反対に**やってはいけないのは、もとから安い日用品に対して節約をしようとすること**です。それをやってしまうと、あっという間に身の回りは激安製品だらけ。当然、品質は低い。これでは、そんなに節約をしていない人でも「なんだかつまらない毎日」になってしまいます。

そしてもう一つ、単価が安いものに対しての注意点です。それは「**安いのだから、こまめに替えてください**」ということ。

節約一辺倒の生活を送ろうとすると、どうしても安いものを長く使うようになっていきます。

この行為、普通は美徳とされます。でも、しないでください。

想像すればわかります……ボロボロになるまで使い込んだ安いものたちに囲まれ、ボロボロの服を着て、ボロボロの部屋に住むあなたの姿を……。心が豊かになるどころか、すさむ一方です。だから、安いものを長く使ってはいけません。

安いものこそ、高い種類のものを買い、こまめに買い替えましょう！

「とびっきり」だけが、いい流れを引き寄せる

それでは、大切に長く使ってもいいものは？

ズバリ、**高いものだけです。心を豊かにするには、とびっきりピカピカでステキな高級アイテムが、最低一つは必要なのです。**

ちょっと意外に思われますか？　少し補足をしましょう。

「割れ窓理論」をご存知でしょうか。重大な犯罪が起こる原因を説明する考え方です。

海外のある地区に立つビルで、窓が1枚割れてしまいました。これを放置しておくと、そこは「関心が寄せられていない場所だ」と周囲の人に判断され、他の窓も割られてしまいます。するとビルそのものが汚く見えてきます。周辺の人の

モラルは次第に低下し、ゴミを不法投棄するなどの軽犯罪が起こるようになります。軽犯罪が頻繁に起こるようになると、やがて、その地区では重大な犯罪が発生するようになる……という流れです。

始まりはたった1枚の割れた窓。それが悪い流れを引き起こします。

重大な犯罪を抑止するには、大規模な警備などは必要ありません。抑止するには、割れた窓をすぐに直す、ゴミをすぐに拾うといった当たり前の行動で十分。

これを、私たちに当てはめてみましょう。節約一辺倒の生活はまるで、割れ窓理論と同じ。悪い循環の始まりなのです。

解決方法は、キレイで高級なものを買うこと。なにも、たくさん買う必要はありません。**一つでもいいのです。ただし、とびっきりであるべきです。**

高級な万年筆、高級な腕時計、高級なバッグ、高級な指輪、高級なネックレス、高級なスーツ……身近なアイテムであればあるほどいいでしょう。

それを、思い切って買います。そうすれば、割れ窓理論と逆のことが起こりはじめ、あなたの日常は輝いていきます。

そうして購入した高級品は、長く使ってください。安いものとは反対で、こまめに買い替えてはいけません。

高級品であればあるほど、基本的に長く使えます。それは修理費用と本体価格とのバランスに影響されるからです。どんなに高くても、壊れたり傷ついたりしますね。そこで直すワケですが……安いものだと直せません。正確には、安いものでも修理はできるのですが、修理には出すことができないのです。

たとえば、5千円で買ったバッグの持ち手部分が壊れたとします。修理の見積もりに行くと、6千円もかかることがわかりました。普通は修理しませんよね。6千円でまったく新しいバッグを買ったほうがお得だからです。

ですが、バッグが20万円であったらどうでしょうか。本体価格20万円に対して、たったの6千円で直せるのですから、直したほうがお得だと判断できます。

このように、本体価格が高いほど長く使え、愛着が湧きます。ですから、とびっきりの高級品も最低一つは買ってもいいのです。

黄金のトンネルを掘ったら、そのまま維持しなさい

自動的にお金が貯まる仕組みを、あなたがつくったとしましょう。ある程度年月が経ちますと、驚くほどのお金が貯まるでしょう。確実に貯まるのですから、当然ですが。

さて、ここである疑問が出てくると思います。

「貯めたお金を切り崩していいのは、どんなときなの？」

せっかく貯めたお金ですから、崩してしまうのはもったいない。でも、使わずに取っておくだけでは、何の価値もない。

もちろん、何割かは老後のために取っておくのが正解でしょうが、すべてがそれではおもしろくありませんね。かといって、パッと使ってしまうのもムダ使い

のような気がするし……うーん、困りました。なにか、目安になる使い方はないものでしょうか？

そこで私は「**トンネルが壊れないなら、貯めたお金を使ってもいい**」というルールを自分で設定しています。

トンネルとは文字どおり、車などが通る、あのトンネルです。

トンネルを掘るためには、多くの時間とお金がかかります。ですが、一度掘ってしまえば、あとは便利。今まで遠回りしていた場所にもまっすぐに、短時間でたどり着くことができますね。しかも、何回でも利用できます。

あなたが頑張って（自動的に）貯めたお金は、長期間の工事期間を経てようやく完成したトンネルのようなものなのです。

絶対にやってはいけないのは、トンネルをつぶす行為です。

具体的にいうと、何度も使えないモノ、自分にリターンがあまりないモノを買ってしまうこと。いわゆる散財ですね。

そうではなくて、トンネルを壊さない使い方をしてください。

住宅購入代金の頭金なんて、いいですね。貯めたお金は消えてしまいますが、頭金になったお金は、家という新しいトンネルになって続いています。家はいつでも何度でも利用することができます。

何度も思い出せる家族旅行もいいですね。思い出は消えずに、未来へのあなたへとつながっていきますから。

これが、トンネルを壊さないお金の使い方です。

「お金を貯めること」は最終目標ではありません。「貯めたお金をどう使うか？」が最終目標です。そして、貯めたお金は、一回きりの使い捨ての用途に使わないほうがお得です。

ステキな人生につながり、いつでも何度でも使える、自由であなたらしいお金の使い方を探してみてください。

トンネルの向こうには、いつだって光が見えるものです。

お給料が出たら、まず伊勢丹へ行きなさい

「自由であなたらしいお金の使い方……といわれても、まず何からお金を使えばいいの？」

そんな素朴な疑問が浮かんでいることでしょう。とても良い疑問です。

ここでは、自由であなたらしいお金の使い方に直結する、最たるものを紹介しましょう。

ちょっと、あなたの周りを見わたしてみてください。同じ会社で同じお給料をもらっている会社員同士でも、生活にゆとりがありそうな人もいれば、そうではなさそうな人もいますね。何が違うのでしょうか？

理由の一つは「お金を使う順番の違い」です。

衣食住という言葉がありますが、**生活にゆとりがある人のお金の使い方は、その中でもとりわけ「衣」と「食」を優先させています。**

衣食住の充実は、すべての動物に心の底から安心をもたらします。

人は進化したとはいえ、やはり自然の子であると私は考えています。人が幸せになるには、本能的な不安を払しょくし、動物としての基本的な欲求を満たしてあげることが、まず重要になってきます。

ペットのワンちゃんやネコちゃんで考えるとわかりやすいでしょう。ペットに高級品や電化製品を与えても、一向に安心しません。ところが、毛皮とエサと寝床（＝衣食住）があれば心から安心します（愛情が大事なのはいうまでもありません）。人も、根本的にはまったく同じではないでしょうか。

「衣」には、服だけでなく美容院・エステなどの代金なども含まれます。もちろん化粧品代も。**外見がステキ、立派なら、自信が湧いて心にゆとりが生まれます。**

「食」も重要。あなたの体は、あなたが口にした食事からできています。**食が貧弱では体も貧弱になり、気持ちからゆとりが減っていきます。**

お金を使うときは、「衣」と「食」を優先させてください。本当になんということもない知識ですが、とても大事な基本です。

私は昔、伊勢丹吉祥寺店というデパートで働いていたことがあります。吉祥寺店のみならず、伊勢丹というお店はなかなかすごいものです。生活に必要なものが何でもそろう。しかも、高品質。お値段は張りますが、伊勢丹で服をそろえることができ、美味しいものをたくさん買えれば、間違いなく幸せな人生になるだろうと思います。

もちろん、生活で必要な品すべてを伊勢丹でまかなうには大金が必要になり、現実的ではありません。ですが、お給料が出たときくらいは、1か月頑張った自分へのご褒美に、伊勢丹へ足を運んでもいいのではないでしょうか。

次の章からは、あなたの身近な衣食住についての「正しいお金の使い方」を、より具体的に見ていきましょう。

第3章
節約をやめたら、誰でもお金持ちになれる

POINT!

・「節約をして貯める」では幸せにはなれない
・私たちの正解は「自動積立で先に貯めて、残りを使い切る」
・普段使う口座に大金を貯めようとしない
・安い日用品こそ高いものを買い、こまめに買い替える
・高級品はこまめに買い替えずに、長く使う
・貯めたお金は、何度でも使えるモノに使う

第4章　正しいお金の使い方　基本編②

人生を輝かせる衣・食・住の秘訣

買い物をするとき、いつも「節約」のことを考えていませんか?
それもいいですが、たまには違う使い方も考えてみませんか?

衣 その1

パジャマ姿で行ける距離＝あなたの限界

パジャマ姿で行ける距離って、人によって違いますよね。

ちなみに私は、家の前のゴミ捨て場くらいまでです。学生時代はコンビニまで行けたものですが……あなたはどうですか？

ちょっと想像してみてほしいのですが、パジャマ姿で高級デパートに行ったとしたら、どうでしょうか？

なんだか、いたたまれない気持ちになりますね。見えない重たい空気が全身にズシリとのしかかったような、つらく悲しい気持ちです。

では、部屋着や普段着ではどうですか？　ちょっと気持ちが楽になりましたね。

でも、高級ブティックに入ると、またズシリ。もしオシャレな店員さんに話しかけられたら、ちょっと距離を置きたい気持ちにもなります。

とっておきの服で全身を武装したなら、どうですか? まだ持っていない、あこがれのブランドの服を全身にまとったあなたを想像してください。これなら、どこへ行ってもウキウキとした気持ち。店員さんに話しかけられても、余裕で楽しく会話ができますね。

はい、想像はここまでです。

服のレベルが上がるたびに、あなたの気持ちが変化しました。服が良くなるにつれて、楽しく・強い心になっていきました。この、一番楽しく、強い気分のときのあなたが、本来のあなたです。

あなたが普段「服なんて着られればいい」と思って、無意識に安い服を選択しているなら、それは間違い。「衣」は本来のあなたを解放するカギです。

もちろん、聖人君子のように、

「見た目なんか気にしないさ。人の本質は外見ではなく、中身さ。だから、パジャマ姿で高級レストランでも高級ホテルでも、どこへでも行けるよ」

という達観した人もいるでしょう。でも、私たちの大多数は普通の人。相応の服がなければ、勇気を出しにくいのが現実です。

「衣」の話は、服に限りません。エステに美容院・床屋さん、ネイルにヘアカラー、アクセサリーに腕時計……外見にまつわるお金すべてです。

意外に思われるかもしれませんが、「衣」にお金をかけるポイントとして「ブランド品は買ってもいい」ということが挙げられます。

特別な高級品には、普通の商品とは違う効果があるからです。何でしょうか？

それは「**宣誓効果**」です。

宣誓とは、運動会やスポーツ大会の開会式などでおなじみの「我々は、正々堂々とプレーすることをここに宣言します！」というお決まりの選手宣誓の言葉。

なぜ、選手宣誓をするのでしょうか？

それは、宣誓には見えない力があるからです。形式上とはいえ、宣誓をすると、粗暴なふるまいに対する心のハードルがグッと上がるのです。その結果、乱闘・事故・ルール無視・ケガなどの発生率が大幅に下がるのです。

高いブランド品を買うことは、自分自身に「それが似合うようになろう！」と宣誓をすることです。

仮に今は似合っていなくとも、次第にそのハイブランドが似合う人物になるための行動や考え方をするようになっていき、不正をせず、あきらめず、前向きな人生を歩みやすくなるのです。無意識のうちに、そうなります。

ある会社の新入社員・Kさんは、入社1年目なのに、お給料1か月分もする高級ブランドの万年筆を買いました。最初は「高すぎるから」と買うのをためらっていましたが、その高級万年筆を楽しそうに使っている自分が夢の中にも出てくるので、ついに買ってしまいました。

Kさんはいつも、その高級な万年筆を内ポケットに忍ばせています。新人には不相応な高級品、会社の重役が持っているのがふさわしいレベルの逸品です。買ったからといって、Kさん自身はすぐには変わりません。ですが、Kさんのビジネスマインドは常にその万年筆のレベルにセットされています。高ければ高いほど、常に意識するようになります。

こうなると、立ち居振る舞いから物の考え方・言葉使いまですべてが、その万年筆にふさわしい人物になるよう、無意識に矯正されていきます。いずれKさんは、その万年筆にふさわしい人柄・役職を手に入れるでしょう。

「衣」はいつもあなたに影響を与えます。お金を使うときは、まず「衣」を充実させましょう。そして、ワンポイントでもいいですから、宣誓効果のある「衣」を身に着けましょう。

衣 その2

ファストファッションよりも「片付け」に夢中になりなさい

安い服、好きですよね？　私も大好きでした。

最近は、ひと昔前なら想像もできなかったような安値で服が買えます。しかも結構デザインがいい。だからついつい安い服を買ってしまいます。

で、部屋が服だらけ。まるで古代の地層のように何重にも積み重ねられた服たち……。それらを再び着ることは、けっこうな手間です。発掘作業が伴うからです。

あなたは、衣類を何着お持ちでしょうか。靴下、下着からズボンやスカート、肌着、Ｔシャツ、ポロシャツ、ジャケット、仕事用のスーツ……などなど、すべての累計です。おそらく少ない人でも１００は軽く超え、多い人では千を超えてしまう人もいるでしょう。

自分らしくオシャレに過ごそうとして、「衣」にお金をかけて服を買うのはいいのですが、多すぎるのは逆効果。一生で使えるお金は限られていますから、もう少し厳選しましょう。

服が増えれば増えるほど、1着にかけられる金額は低くなっていきます。結果として、なんだか中途半端な服ばかりがそろってしまい、本当に良い服がほとんどないという事態に陥ってしまいます。

男性の場合、ジャケットなどのメインで人目にさらされるところは、特にお金をかけるべきです。

まだ間に合いますから、少しずつでも改善されることをおすすめします。改善方法はいたってシンプルです。

- **着ていない服を捨てる**
- **これ以上、安い服を増やさない**

これを繰り返していくと、服が減ってスッキリする上に、1着ずつのクオリティが確実に上がっていきます。**服を捨てるのはもったいない気がしますが、生活の質を上げるには一番重要な行動です。**

私ですか？　私はやりすぎちゃいました。夏場はポロシャツが3枚しかありません。ズボンに至っては2本だけです。もちろんパジャマは別にありますよ。

スッキリしたぶん、着回しに困りますが……何が足りなくて何が余っているのかは一目瞭然になりましたし、自然にムダな安物買いが減り、質の良い服がそろうようになりました。

衣 その3

ハイブランドよりも、「ミドルブランドの上」が正解

誤解しないでいただきたいのですが、**「上質な服を買う＝ブランド物を買う」ではありません**。すべてを高級品でそろえると、あっという間に他に回せるお金が底をついてしまいます。とはいえ、安物ばかりでも面白くありません。

ではどうするか？

ちょっとしたおしゃれな外出着を買うときは「中の上」を買えばいいのです。「中の上」とは「**あまり有名ではないブランドの、価格帯が上のもの**」です。

世の中には、世界的に有名で高額なブランド商品がたくさんありますね。それらは非常に高い。一見すると普通のTシャツでも、数万円もします。コートやジャケットになると、数十万円～100万円オーバーの価格がついているものもあり

ます。

いくら毎月のお金をスッキリ使うのが目標とはいえ、こんな高額商品を買っていては、やはり日々の生活がむなしくなってしまいます。

そこで、「中の上」を買うのです。より具体的には、「ファストファッション以上・高級ブランド以下」を選択します。そしてその中の価格帯が中〜上のものを狙います。ここがポイントです。

私が「中の上」をおすすめする理由は、費用対効果の高さです。

よく考えれば当たり前ですが、ハイブランドの数万円もするTシャツだからといって、必ずしも素材やデザインがとびぬけて素晴らしいというワケではありません。そのため、有名ブランドの商品でも、価格帯が低い（それでも、とても高い）ものを買うと、値段に対して品質がいまひとつであることも現実にはあります。私は若いときに、よくそれで失敗しました。

そして反対に、ミドルブランド商品でも価格帯が高い（それでも、有名ブランドよりはグッと安い）ものを買うと、値段に比べて品質が良いものがあるのです。

いったいどうして、こんなねじれた現象が起きているのでしょうか？

それは、物の値段と価値は、必ずしも一致しないものだからです。まったく同じ商品でも、売る場所が違うだけで値段が大きく違うことも、現実にあります。

より正確には、高級ブランド品は宣伝広告費や高額の店舗家賃などの諸経費がたくさんかかっているから、有名かつ価格が高いのです。世界的なブランドになればなるほど、雑誌や新聞に広告を載せたり、都心のど真ん中にお店を構えたりします。ですから、そのブランド物を買ったことも触ったこともなくても、何となく「あのブランドは高級＝良い商品」だと思い込んでいるのです。

これってよく考えたら、とても不自然なこと。触ったことすらないのに、そう思うようにコントロールされているのですから。

世界のあちこちの高級百貨店で売られている商品には、宣伝広告費や店舗の家賃を補うための金額があらかじめ加算されている。だから品質の割に高い。でも有名だから売れる……という仕組みです。

そのため、有名ブランドでも必ずしも品質が高いというワケではないという、ねじれた現象が発生するのです（もちろん高級ブランド品には高級ブランド品としての役割があります）。

仕組みがわかった以上、私たちはこのねじれを逆に利用することができます。

「中の上」を選択すれば、安くて高品質な服が手に入りやすくなるのです。

「でも、具体的にどんなお店が中の上なの？」

まず、デパートに入っているテナントではない、そして、いわゆるファストファッションではないお店。もうちょっと具体的にいうと、郊外型の大型複合商業施設内の大手ではない服屋さんです。

「えー？　たまに買うけれど、あんまりいいのがないよ？」

それはたぶん、そのお店の中でも中くらいのお手頃な価格帯（「中の中」または「中の下」）を選んでいるのではないでしょうか。そこから思い切って、一番高い価格帯の商品を手に取ってみてください。

この「中の上」の商品がデパート内などの高級セレクトショップに並ぶと、まったく同じ商品であっても、より高い価格がつけられて売っていたりもします。バイヤーたちは、高品質だけどお買い得な商品に気がついているのです。

ただし、ご注意ください。あなたもご存知のように、すべての郊外型の複合商業施設の服屋さんに「中の上」があるわけではありません。こればかりは、自分の足と感性で探し回るしかありません。

あなたも、敏腕バイヤーになった気分で、ぜひ一度「中の上」のお店と商品を探してみてください。それを見つけたときの喜びはもちろん「特上」ですから。

食 その1

食費は値段ではなく「スキ・キライ」で判断する

「節約」というと、何が思い浮かびますか？

一番に挙げられるのは、食費ではないでしょうか。その理由は、ほぼ毎日発生する費用だから。

実は、それは大間違いです！　**食費は最も節約してはいけないお金**といっても過言ではありません。

スーパーで買い物をするときに、一番に何を気にしていますか？

たいてい、値段を気にしているのではないでしょうか。本当は食べたいと思っているものがあるのに、ついつい隣に並んでいるもっと安い商品を手に取ってしまう。以前の私もそうでした。

でも、それじゃいけません！

食事はお腹を満たすだけのものではありません。気持ちも満たすのが食事です。おいしいもの、好きなものを食べなければ、不安を強く感じてイライラします。たとえ一人暮らしであっても、しっかりとおいしい食事を味わって食べることが重要です。

私は以前、仕事で食育（食事の大切さへの理解を育てる活動）の普及・宣伝に努めていました。だから、食の重要性はとてもよくわかっていたのですが、現実ではまったく反対のことをしていました。極端な例ですが、私の場合、繁忙期には職場のロッカールームやトイレの便器に腰掛けて食事をとっていたことがあります。

このような有様では、どんなにおいしいものを食べてもおいしく感じませんし、楽しくありません。

どうせお金を払って食べるなら、おいしくて楽しい食事にしなければ損です。きちんとした食事は、心にもエネルギーを与えてくれるものです。

最も生活に密着している費用＝食費こそ削ってはいけません！　削るべきは「衣」と「食」以外の費用です。どんなに収入が高くても、食生活が貧弱では永遠に満足感は得られません。

反対に、**食生活が豊かであれば、それだけで毎日は輝きます**。人生は普通の日常の連続です。ちょっといい日が多ければ、ちょっといい人生に直結します。ですから、食費だけは絶対に節約してはいけないのです。

食 その2

三ツ星レストランのシェフにケンカを売りなさい

「食費を節約してはいけない」とはいえ、外食で毎日フルコースを食べ歩くわけにはいきません。

私は食品関係の企業で働いていたことがあるといいましたが、当時は色々な仕事をしました。製造から販売、店舗の運営まで行っていましたし、駅ビルや百貨店、お土産売り場、屋台も経験しました。

そのときの経験があるのでわかるのですが、**家計の食費の基本は「内高外安《ウチタカソトヤス》」**にすべきです。内高外安とは「家の中で食べる食費は高くして、外食費は（基本的に）安くしましょう」という意味合いです。

外食では、家での食事に比べてどうしてもお金がかかってしまいます。

以前の私は、仕事が忙しすぎて自炊なんてできませんでしたから、三食とも外食をしていました。その結果、月の食費が10万円近くにもなってしまう状態が、数年間続きました。特に高級なものを食べているわけではありませんでしたが、ビールも外で飲んでいたのでこのようになってしまいました。

なぜ、外食は、高級品でなくても高くついてしまうのでしょうか?

元店長の私がカラクリを説明しますと、飲食店の原価はだいたい、良くても価格の3分の1程度です。極端な場合には原価が数%のものもあります。たとえば、原価が数円なのに価格は数百円……という具合。残りは、人件費や家賃などのコストとお店の利益になります。

すなわち、5万円分の家での食事は、15万円分の外食以上の価値に相当するのです。逆に、5万円分の外食は、家で食べた場合の2万円以下の価値しかないことになります。ですから、外食で本当に楽しくておいしい食事をしようとすると、大変に高額な出費を覚悟しなければなりません。

それに、家での食事に無理にお金をかける必要もないのです。**普通は「良いも**

の=高額」ですが、食費だけは別。「良いもの=手料理=最安値」です。男女問わず、手料理をつくれば、お財布も心も体も元気になります。

私事で恐縮ですが、先日、自宅でステーキを食べました。ステーキといっても、普通のお肉ではありません。最上級クラスのA5の国産和牛で、なんと1枚4千円！　とあるスーパーで半額で売っているのを発見し「この機会を逃すと一生食べる機会がないかもしれない」などと考えて、思い切って買ってしまいました。焼くだけですから、料理が苦手な私でもカンタン。

もちろん、お味は最高！　気持ちも大きく満たされました。

ちなみに、このクラスのステーキを近隣のホテルにある専門店で頼むと、単品で2万円もします。こんな贅沢ができるのも「内高外安」のメリットです。

家の中で贅沢な食事をすることが、実は一番贅沢なのです。

食 その3

お昼ご飯はコロコロお店を変えなさい

「お金の満足点」のことを、覚えていらっしゃいますか？　「動いてしまうお金の価値観」のことでした。

所詮、お金は、あなたが楽しく暮らすためのアイテムの一つにすぎません。節約を意識しすぎて、日々が楽しくなくなってしまっては本末転倒。

そこでおすすめしたいのが、お昼ご飯の工夫。**お昼ご飯には、動いてしまう「お金の満足点」の動きを抑える効果がある**のです。

私が営業職だったときは、トラックや商用車で得意先回りをしていました。すると、日によって昼食を食べる場所が異なります。当時の勤務地は岡山県でしたので、海沿いの町のお得意様に行くときは、名物のたこ飯を食べます。

また、意外に知られていませんが、岡山は讃岐うどんの香川に次ぐ、うどんの美味しい地域。ちょっと田舎の隠れた名店にも足を運んで、しこしことした歯ごたえの絶品うどんを食べることもできました。いずれも安くてうまいのが当たり前。こんな具合に、日々充実したランチを楽しんでいました。

このように、**毎日お店を変えると、同じような金額の出費の連続でも、「お金の満足点」の動きは抑えられます。**もっとわかりやすくいうと、**お金が使えないというストレスが少ない**のです。お昼ご飯を楽しくとるたびにお金を楽しく使うので、「お金をパッと使いたくなる」衝動が抑えられるというわけです。

ところが、勤務地が百貨店などの店舗内になると、そうはいきません。外に出かける機会が減りますから、基本的に、毎日同じようなコンビニのお弁当やパンなどになりがちです。もっといけないのは、安いお店を自分で発見して、そこばかりに通い詰めることです。

これらを続けると、どうなるか。同じお昼ご飯にお金を支払っているにも関わらず、「お金の満足点」の抑えが効かなくなってきます。結果として、夜にまとまった量の外食をしたりする羽目に陥ります。そう、お昼ご飯がつまらない（マンネリ化する）と、出費がかえって増えてしまうのです。

それを防ぐために、お昼ご飯を食べる場所（お店）をコロコロ変えるのです。なにも超高級なランチを食べに行く必要はありません。当然ながら、ときどきは高級店へも行くべきですが、普段はお店を変えるだけで十分。

ファストフードでもいいのです。よく誤解されますが、牛丼・ハンバーガー店などは、チープではなく、逆にリッチなお店です。どういうことか？

通常のお店では原価率は3割以下ですが、ファストフード店は5割を超える場合が普通です。客単価は低いけれど、品質が高くて、とってもお得。その理由は、多くの人が食べてくれることにより利益が生まれるため。つまり、薄利多売ということです。服の値段の仕組みとまったく同じですね。

意外なことにファストフードは、あまりお店側が儲からない（私たちにとってはお得な）仕組みなのです。

もちろん、お昼が手づくりのお弁当でもいいのです。前節で触れたように、おうちでつくったお弁当に勝る費用対効果の高いお昼ご飯はありません。

でも、注意点が一つ。たまには、あえてコンビニ弁当や職場の近くの定食屋さんなどを利用してください。

いくら手づくりのお弁当が素晴らしいとはいえ、慣れてしまうと、やはり「お金の満足点」が暴れ出します。意図的に手づくりのお弁当以外の日を設けるようにしてください。

住 その1

居住費を大きく下げる裏ワザ、ズバリ教えます

「衣」「食」ときたら、次は「住」ですね。

「住」の費用・居住費が大きく下げられれば、生活がとても楽になります。そして、もっと大きくて広い家に住むことができれば、生活の質を一気に向上させることができます。

けれども、現実問題として考えた場合、「住」環境の大幅な改善はとても難しいものであるといわざるをえません。

そのためこの項目に関しては、万人向けではなく、一部の条件に合う人にのみ通用する「裏ワザ」的なテクニックとしてご覧いただければ幸いです。あやふやな答えではかえって混乱を招くかもと思い、ズバリ答えを書いていますが、必ず

しもあなたにそのまま当てはまる内容ではないかもしれません。「まあ、そういう考え方もあるかな」という程度にお読みください。

さて、「住」で主に挙げられるテーマは、大きく次の二つ。

1. 賃貸 or 購入?
2. 職場から近い物件 or 職場から遠い物件?

1の「賃貸 or 購入?」について、私の意見はズバリこうです。

「2001年以降に建てられた中古物件を、値切って買いなさい」

かなり尖った意見ですので、順を追って丁寧に説明しましょう。

日本では異常なまでの新築信仰が根づいています。そのため、売れるのは新築ばかり。依然として新築の家やマンションが次々と建てられ続けています。その反面、総人口は頭打ちで、都市部への人口流入が増加。結果として地方の人口が減少し、限界集落が増加するなどしています。

ひと言でいうと、都心部の一部を除けば、**日本じゅうで中古物件（住宅・マンション）があり余っている**のです。それなのに、買い手が少ない。ということは、程度が良いのに安い、お買い得な物件が見つけられる可能性が高くなっているといえるのです。

極端な話ですが、中古物件の売値は売り手側が自由につけられます。つまり、交渉の余地大ですから、本気で欲しいのなら真剣に値切ってください。これが「中古物件を、値切って買いなさい」の理由です。

私自身も、このようにしてマイホームを購入しました。広島市の中心部から車で30分のところにある、現時点で築30年の中古住宅で、購入価格は土地代込みで450万円。最初の売値は580万円でしたから、130万円ほど値切った形になります。中古物件でなければ、ここまで値切ることはできないでしょう。

ただし、後から知って、一つだけ後悔している点があります。

耐震性を考えると、「2001年以降に建てられた」物件を選んだほうがより安心だったのではということです。1981年の建築基準法改正以降の建物でも耐震性は十分高いものの、２０００年の改正後の建物は、それ以上に耐震性が高い傾向にあるというのです。リフォームでも耐震性は上げられますが、高額の追加費用がかかってしまいますから、それならば最初から２００１年以降に建てられた中古物件を買ったほうがスマートだったのではと、今では思っています。

２の「職場から近い物件 or 職場から遠い物件？」に関して、いうまでもないことですが、職場からの距離が近いに越したことはありません。通勤時間の短縮でラッシュから解放されたり、交通費の圧縮が叶うといったメリットがあると予測できるからです。

それでもなおこういった迷いが尽きないのは、地価の高さが最大のネックになっているためでしょう。ほとんどの場合、職場は、都心や交通の便の良いところ、つまり地価が高いところにあるのですから。

でも、もしあなたが「２００１年以降に建てられた中古物件を値切って買う」方法を活用できれば、地価の高くなりがちな職場の近くであっても、良い物件を割安で手に入れられるのです。

さらに、郊外に住もうとすれば、通勤に限らず車が必要になるケースが増えるでしょうから、ガソリン代・各種税金などの維持費がかさんでしまいます。1人に1台の車が必要になることもあるでしょうから、そうなると都心に住んだほうがずっとお得でしょう。わざわざ職場から遠い物件を選ぶ理由は、もうありませんね。

「購入はちょっと……」という方や、色々な事情で賃貸を選ばざるをえない方、賃貸のほうがいいという方は、なるべく引っ越しを行わないほうがお得でしょう。収入が上がっていくのに応じて物件のグレードも上げていこうとすると、引っ越し代がかさんでしまい、トータルで見ると、最初からグレードの高い賃貸に住んでいたのと変わらない状態になってしまうおそれがあるからです。

他にも、会社の社員寮やUR賃貸住宅（旧公団住宅）を活用したり、親御さんや他の誰かと同居するなど、住居に関する選択肢を多く持っておくといいでしょう。

住 その2

「電気代はタダ」と思い込みなさい

あなたは普段、食費以外にどんな節約を行っていますか？

「使っていない電気をこまめに消す」

「水を出しすぎない」

「お風呂は家族で続けて入る」

……なるほど。それはそれで良いと思います。電気やガス、水をムダに使いすぎるのは良くないと、私も感じますから。

ですが、水道光熱費の節約が上位にくるのも、あまり良いとはいえないでしょう。

電気・ガス・水道は、非常時以外、過度に節約してはいけません。

その理由は、「**毎日使うから**」です。毎日使うものに対して節約を意識してしまえば、家にいるあいだ、（無自覚にも）常に窮屈な気持ちになってしまいます。最近では、ご丁寧に電力使用量や料金までリアルタイムで表示される機能がついた家電製品もあって、見るたびに節約を意識させられます。こんなのイヤです。

電気・ガス・水道は、何のために家に引き込まれているのでしょうか？

あなたを節約まみれにして、一日じゅう嫌な気持ちにさせるためでしょうか？

そうではありませんね。

電気・ガス・水道は、あなたに快適な生活を届けるために、家に引き込まれています。そして、その対価をあなたはきちんと支払っているはず。過度に節約して、自分を苦しめることはありません。

むしろ、近年の家電製品は省エネ化が進んでいて、電力の消費量はかなり抑えられています。こんなに進化してしまった時代では、電気代を節約して家計に貢献するほどの成果を上げるには、かなり厳しい節制が必要です。

電気代を節約すべきは工場や企業であって、家庭ではありません。無理に節約して暑さや寒さを我慢したり、薄暗い家で生活したりしては気持ちが荒んでしまいます。水道光熱費の節約はオマケ程度に考えましょう。一番の節約に持ってくると、毎日がしんどい日々に早変わりしてしまいますから。

重要なのは節約ではなくて、お金の優先順位を決めることです。

たとえば、パッとお金を使ってリフレッシュした気持ちになったとしましょう。ですが、その気持ちはあくまでも一瞬。それよりも、日常生活のほうが圧倒的に長い時間なのです。

一瞬よりも、ずっと長い日常のほうに重点を置くべきなのは、冷静に考えれば当たり前です。そして、**日常生活にお金をかけることこそが、毎日を楽しく過ごすための秘訣なのではないでしょう**か。

「お金をどこにどれだけかけるか」で、日常の輝き方がまったく違ってきます。収入が同じ人同士でもそうです。いえ、むしろほとんどの日本人は会社員であり、収入がさほど変わりません。だからこそ、お金の使う順番が大切なのです。

電気代を節約しそうになったらこう唱えてください。「電気代はタダ」と。

住 その3
「汚部屋でヨガ」をすると金運が上がる

一昨年の初夏、ベランダのプランターにアサガオの種をまきました。夏の盛りにはきれいな花をつけ、秋にはたくさんの種がとれたので、翌年の同じ頃に、その種を再びプランターにまきました。

ところが、ここで問題が発生。発芽率が良すぎて、プランターいっぱいに芽が出てしまったのです。この段階で数本を残して間引《まび》いてしまえばよかったのですが、都合1年以上の付き合い（？）のアサガオたちです。なんだかかわいそうな気がして、できませんでした。

その結果、どうなったか……。

プランターは、アサガオがぎゅうぎゅう詰めで生えている状態。アサガオたちは土の栄養分や陽当たりをお互いに奪い合うので、昨年よりも弱々しく育ち、花のつきもサッパリ。見ているほうもなんだか心苦しく、何よりもアサガオ自身が苦しそうでした。

やはり、最初に間引いておくべきでした。間引くことは、一見するとかわいそうな行為ですが、アサガオにとっても私にとっても、非常に重要な行為だったのです。

われわれ人間の普段の生活では、どうでしょうか？　あなたは「間引く」ことができているでしょうか？

言い方を換えましょう。**あなたのお部屋は、スッキリとしていますか？　モノであふれている「汚部屋《おべや》」になっていませんか？**

もしも、お部屋の中がモノであふれていれば、それはぎゅうぎゅう詰めのプランターと同じ状態。モノにとっての栄養であるお金を、モノたちが奪い合っている貧弱な状態が今の状態です。このままでは、一つ一つのモノにお金をかけることができません。モノに対する満足度・品質・愛着は低くなり、結果として、その部屋に住んでいるあなた自身も楽しい毎日が送れません。繰り返しになりますが、人生は何気ない日常の連続。いかにして日常の質を上げるかが重要なのです。

どうしたらモノの質を上げて、満足感を得ることができるでしょうか？

答えは簡単。アサガオと同じように間引いてしまえばいいのです。つまり、捨てるのです。

アサガオを間引くときと同様、せっかく買ったモノを捨てるという行為は、悪いことをしているような、損をしたような気分を招くかもしれませんが、それは逆です。**間引くこと・捨てることは、良い行為です。**

モノを捨てた結果として、お部屋の中のモノは減ります。その状態を維持すれば、お金という名の栄養は次の買い物へと確実に流れ込みます。すると、満足度・品質・愛着の高いものが、徐々に部屋にそろっていきます。

こうすると、今度はあなた自身に良いことが起こってきます。なぜなら、自分にとって有益なモノに囲まれた生活を送ることができるので、自然と毎日が楽しくなっていきます。あなたの日常も、間引いたあとのアサガオのように、力いっぱい美しく花開くのです。

どのくらいになるまでモノを捨てればいいのでしょうか。一つの目安は、「**部屋の中でヨガマットを広げられるくらいまでモノを捨てる**」です。無理矢理広げるのはダメですよ。ヨガマットを広げた上で、気持ち良くストレッチができるくらいの、スッキリとした空間が目標です。

「汚部屋」にあふれたモノを間引くことに成功したら、その状態を維持したいものです。**維持するコツは「新しい収納器具（本棚、衣装ケースなど）を今以上に増やさないこと」**です。

あなたの部屋には、押し入れなどの既存の収納以外に、後から追加した収納はありますか？　収納が足りなくなったら、追加で本棚やクローゼット、物置や棚を購入して設置すればいいと考えていませんか？

そんなことをしていては、お金の巡りがまた悪くなるだけです。収納を買えば買うほどお金がなくなるのは、当たり前のことだからです。

私は仕事柄、多くのお金持ちに接してきましたが、彼らの部屋は総じてモノが少なく、広々としていました。

風水でも、部屋はきれいにすべきだといわれるようです。風水は私の専門外ですが、ファイナンシャルプランナーとしての私の経験からも、それは正しいと思います。

あなたのお部屋には、ヨガマットを広げられる空間がありますか？

第4章
人生を輝かせる衣食住の秘訣

POINT!

・ワンポイントでもいいから、宣誓効果のある高級品を身に着ける
・食費で迷ったら、食べたいものを選ぶ
・おうちの中でこそ、贅沢な食事をする
・毎日が楽しくなる合言葉は「電気代はタダ」
・モノが減るほど、お金の流れは良くなっていく

第5章 正しいお金の使い方 応用編

もっと自由にお金を使う

この章では、お金の使い方・お金の貯め方について、さらに常識を疑い、深く掘り下げていきましょう。

賢い人の財布の中身

あなたのお財布には、クレジットカードやプリペイドカード（電子マネーのカードなど）は入っていますか？

たいてい、2枚か3枚は入っていることでしょう。ですが、このカードというものが、なかなか困った代物なのです。

何がいけないのでしょうか？　それは、**クレジットカードやプリペイドカードで買い物をすると「お金を使った実感がない」**ということです。

現金は目に見えます。お財布からお金が出ていく瞬間がリアルにわかります。カードには、そういった現実味がありません。まるでテレビゲームのキャラクターがダメージを受けたときのように、痛みを伴いません。そのため無意識に多く使ってしまい、いつもよりも高額の出費をしてしまうのです。

どのくらい高く買ってしまうのでしょうか？

新聞報道によると、あるホームセンターのデータでは「カード払いの客単価が現金払いの客単価の約2倍である」という結果が出ました。

これはスゴい数字です。私が大手企業の経営者なら、自社のクレジットカードやプリペイドカードを発行して、利用客に加入してもらうでしょう。そうするだけで売り上げが自動的に上がるのですから……。

企業にとってはチャンスですが、私たち消費者にとってはちょっと嫌な数字です。なにしろ、カードで支払いをするだけで2倍も多く買ってしまうのです。

衝動買いに悩んでいる人は、カードの特性にまんまとはまって、お金の不安を自ら増大させているのかもしれません。そんな方には一度、**お財布からクレジットカードやプリペイドカードを抜き取る**ことをおすすめします。現金で支払うだけで、適正な買い物ができるようになるはずです。

さて、あなたのお財布には、クレジットカードやプリペイドカードの他にもカードが入っていませんか？　そう、お店のポイントカードです。

……別に、今すぐ捨てなくても構いません。私もポイントが好きです。ちょっとしたお得感を味わえますから。

でも、一つだけ知っておいてください。**ポイントカードが増えれば増えるほど、あなたの行動は制限され、コントロールされていく**ということを。

たとえば「毎週火曜日はポイント2倍デー！」のようなちょっとしたイベント、ありますよね。知っているとつい、決められた曜日・時間帯に行ってしまいがちです。だって、いつもよりお得なのですから。

ですが、それは同時に、他のお店に行く機会を自ら積極的に失ってしまうことにも繋がります。いわば、ポイントカードに行動を制限されて、マンネリ化してしまいます。

ちょっとオーバーだと思いますか？　でも、本当なのです。

「私はポイントカードに支配されてなんかいないから、大丈夫！」

と言いたい方もいらっしゃることでしょう。そんなあなたのためにもう一つ、私が店長をしていたときに知った驚きの事実をお伝えします。

それは、景気の変動や天候などの影響が多少はあるものの、基本的には毎年同じ日・同じ時間帯に、ほぼ同じ人数のお客様がお店にいらっしゃっているということ。「ポイント2倍」のような手法を取らなくても、まるでコンピューターでコントロールされているかのように、お客様が来店されるようになっているのです。

もちろん、お客様ひとりひとりは自分の意思で考え、行動されています。でも、全体としてみると、まるで何かに操作されているかのように行動パターンが確立されているのです。見方によってはちょっと怖いですね。

知らず知らずのうちに形成されるこの束縛状態を、ポイントカードは加速させてしまいます。

クレジットカードやプリペイドカードだけでなく、ポイントカードも見直せば、あなたはきっと、これまでとは違う行動を起こせるようになります。新しいステキな出会いもあるかもしれません。

恋愛でも買い物でも、後悔した瞬間に答えは出ている

お店に行くと、実に様々な商品が並んでいます。どれも素敵に見えて、ついつい手が伸びてしまいそうになります。

でも、ちょっと待ってください。それって本当に必要ですか？

お金を使い切るといっても、必要ない商品まで買ってしまうのは間違いです。安い商品なら、衝動買いをしても、まあ何とかなります。邪魔になったら気持ち的にも捨てやすいものです。

高額な商品なら、けっこう痛い出費です。あなたのおうちのクローゼットや押し入れを、ちょっと開けてみてください。買ったはいいけれど、着ていない高価な服や使っていない健康器具……ありますよね？　私もときどき失敗します。そ

ういった高額でムダ買いしたモノほど捨てられないものです。そして、見るたびに後悔します。

ここでちょっと視点を変えて、「後悔」について真剣に考えてみましょう。

私は、後悔という感覚は、機会損失を感じ取っているから抱くものだと考えています。機会損失とは「AをせずにBをしていれば、もっと良かったはずなのに……」ということです。

Eさんが出張先のお昼ご飯で「ご当地ラーメンのお店にしようか、それともいつものチェーン店の牛丼にしようか」と悩んだとしましょう。Eさんは熟慮の結果、ご当地ラーメンを食べましたが、残念ながらお口に合いませんでした。Eさんは「ああ、これならいつもの牛丼チェーンにすればよかった」と後悔しました。

これが機会損失です。同じお金を出すのなら、より良い結果が生じるほうを人は選びたいのですし、それが選択できなかったときに後悔をするのです。

買い物をしたあとに心の中がなんだかモヤモヤしていたなら、あなたの頭が「同じお金を使うなら、もっといい使い道があったのに！　残念！」と判断しているということです。そして、その判断はおおむね正しいのです。

この後悔は完全に無駄なものでしょうか？　私はそうは思いません。

後悔しているということは、暗に（ぼんやりとでも）「本当はこうしたらもっと良かった」ということに、自分で気づいているからです。「**後悔＝正解に気がついている**」ということなのです。

後悔するのは、買い物だけに限りません。恋愛や就職、仕事などでもそうかもしれません。あなたが現状にとても後悔しているとしたら、あなたはすでに正解を知っている可能性が高いのです。

それに気がついたあなたがどのような行動を選択するかは、もちろんあなたの自由ですが、買い物で後悔しないようにするテクニックもあります。

心の押し入れから起き上がる商品を買いなさい

衝動買いの「衝動」とは、自分の内部だけでなく、外部からの力によっても突き動かされるものです。

すなわち、本当のあなたの意志だけで「欲しい」と思っているわけではない可能性があるのです。セールやバーゲンの雰囲気に押されて買うこと、ありますよね。店員さんのセールストークでつい買ってしまうこともあるでしょう。

衝動に流されず、必要な買い物かどうかを見極めるのに有効なテクニックが「心の押し入れで寝かせること」です。

方法はとってもカンタン。「あの商品、欲しいな」と思ったら、買わずに、その気持ちだけをいったん持ち帰り、心の中の押し入れでしばらく寝かせるのです。

すると、本当に必要な商品であれば、あなたの「なんとなくわかる力」が働いて、「(役に立つから)買っていいよ」と、押し入れから引っ張りだされてきます。そうなったら、本当に買えばいいのです。必要ではない商品だったら、現実の押し入れに眠っているモノのように、起き上がってくることはありません。

こうすることで、衝動買いか、内面から湧き出た欲求かどうかが判明します。**ぜひ、高い商品ほど、寝かせてみてください。**

ちなみに、高額な衝動買いを避けるには、お財布に入れるお金の量をあらかじめ制限しておくことも有効です。

私のルールは「1万円札5枚まで」。銀行で一度におろすお金は5万円まで、というルールをつくっています。日々、色々とお買い物をして、お財布の中のお金が残り少なくなったら、また5万円だけおろします。たったこれだけ。

こんなに単純なことでも、衝動買いが減らせて、心の押し入れで寝かせることがしやすくなります。

私事で恐縮ですが、今年、腕時計を購入しました。腕時計はすでに4本も持っているので、頭では「必要ない」とわかっています。そこで、1年前に心の中の押し入れで寝かしました。

ところが、しょっちゅう起きてきます。ふと気がつくと、新しい腕時計をしている楽しそうな自分をイメージしてしまっているのです。挙句の果てに、衝動買いをする夢まで見てしまいました。心の押し入れで眠るどころか、毎日、起き上がってくる感覚でした。

もちろん、このように思われる方もいらっしゃることでしょう。

「たかが腕時計、時間がわかれば十分でしょう。新しいのを買うのはムダ！」

「時間の確認なら携帯電話などでいいのでは？　不必要だ」

私も、常識的に考えればそうだと思います。

ですが、どうやら本当の私にとってはそうではないようなのです。他人にはどうでもいいと思えるようなお金の使い方でも、自分にだけは欠かせない栄養素のようなものが腕時計にはあるような気がしてならないのです。誰にでもそういう、特別なお金の使い方がきっとあるはず。

1年後、私は思い切ってその腕時計を買いました。

結果はどうなったか……。

「買ってよかった！」と心から思います。腕に着けているだけで心がウキウキして、毎日が以前より少し輝いています（この執筆時も着けています）。毎日の連続が人生ですから、私の人生が以前より、確実に少し上向いたことになります。「今回は、本当に良いお金の使い方をしたなあ」と心から思います。

自分に本当に必要なモノは、必ず起き上がってきます。それは必ず買うべきです。節約なんてしている場合ではありません。

あなたの心の押し入れから、起き上がってくるモノは何ですか？

クリスマス前には、品名・色まで細かく指定してプレゼントを要求しなさい

あなたが親しい人にプレゼントをあげるとしたら、喜んでもらえるであろうモノは何ですか？　あなたがプレゼントをもらえるとしたら、うれしいモノは何ですか？

「現金！」という人もいるかもしれません。

ですが、同じ3万円のプレゼントでも、現金とモノでは受け止め方がまったく違います。そして、親密度が高いほど、お金よりモノのほうがうれしくなっていくのです。

「お金をあげても、結局モノを買うのでは同じことだと思うけど……」

それは違います。想いの熱量がまったく違います。

自分で頑張って稼いだお金で買う「モノ」と、人からもらったお金で買う「モノ」、そして人からプレゼントされた「モノ」。それぞれ、持っている熱量がまったく違うのです。

それに、現金をあげて損をするのは、あげたほうです。せっかくお金をあげたのだから、感謝もされたいし、大切に使ってほしいのが心情でしょう。それなのに、相手にとっては「○○さんからお金をもらって使った」という実感が残らないのです。もらった人は、くれた人に感謝しにくくなってしまいます。

あげる側からすると、ベターなのは「お金よりもモノ」です。

モノであれば、形が残りますから、いつでも「○○さんからもらった」という印象が残ります。また、形の残らないケーキやお菓子であっても、現金よりはずっと好印象を相手に与えることができます。

もっとも、もらう側からすると、「プレゼントをもらったけれど、興味がないモノや気に入らないデザインのモノで、うれしくない。やっぱりお金をもらって自分で選んで買うのが一番だ」というケースもあることでしょう。

確かに、欲しくないプレゼントほど困るものはありません。使わないけれど捨てられない……部屋のゴミと化し、やがて金回りの悪い部屋へと変化する一因にもなりかねません。

ハズレのないプレゼントのもらい方はこうです。

・自分から欲しいモノを明確にリクエストする！
・一緒に買いに行く
・相手から手渡しでもらう

ちょっと強引な気もしますが、これなら必ず双方が得をします。大切な相手にこそ、ぜひお試しください。

お金をあげるとき・貸すときは、とにかく値切る

お金の使い方としてはレアなケースですが、可能性がゼロではありませんので、「正しいお金のあげ方・貸し方」についても紹介しておきましょう。

ポイントは大きく二つ。

①　値切る
②　分割する

①の「値切る」ですが、文字どおりの意味です。あなたの家族やパートナーが「○○を買うから、おこづかいとして10万円ちょうだい」と言ってきたら、あっさり

と10万円をあげてはいけません。**まず、値切ってください。**

たいていの場合、相手は概算請求してきます。欲しい金額よりも余裕を持って、少し高めに要求してくるのです。

あなたがお金をあげるときは、国や地方自治体の予算案のように、ざっくりとあげてはいけません。しっかりと、欲しいものが何か、安く買えるお店や方法はあるか、品物のグレードはどうかを、まず確認するようにしましょう。これだけで、金額を大きく下げることができます。

むしろ、使用金額に少し制限を設けてあげることが、あなたにとって、そして相手にとっても、適切かつ安価な買い物をすることに繋がるのです。

②「分割してあげる」には、おなじみの「お金の満足点」が関係しています。

要求された額を一度にポンとあげてしまうと、相手の「お金の満足点」も勝手にポンと上昇してしまいます。満足点は無意識に動いてしまいますから、どうしようもありません。

たとえ少額でも、**分割してあげることで、「お金の満足点」が動くのを最小限**

度に抑えることができます。これも結果として、相手のためになりますね。

お年玉にたとえると、お年玉を親が一度預かって、それを12等分し、毎月のおこづかいにプラスして配分する。そうすると、子ども側は1年間ハッピーな気分を味わえて、適切なお金の使い方を学ぶことができます。お年玉に限らず、歳の離れた親戚や甥・姪などの子どもたちにお金をあげる機会は出てくるものです。

私は今、子どもたちに正しいお金の使い方を早いうちから学んでもらおうという取り組みを行っていますが、子どものおこづかいは、500円ほどの少額でも良いですから、低学年の頃からあげるのがいいと考えています。あげてさえいれば、子どもはその中で工夫して買い物をするようになりますし、足りなければ貯めることも考えつくのではと思われるからです。

ですが、ゼロではいけません。純粋な子どもが純粋な心と頭で導き出す答えが「お金がないなら、万引きするしかない」になりかねないからです。あくまでも個人の意見ですが、少額でも渡したほうが良いと私は考えています。

一番損する買い物はコレ！

農家の人がダイコンを最も安く手に入れるためには、どのような方法をとればいいと思いますか？

正解は、当然ながら、自分で育てること。そうすれば、スーパーで買うよりも安く手に入れることができますね。

当たり前の話ですが、これを現実の消費活動に当てはめて考えてみましょう。

あなたは服が欲しいとします。服屋さんに行くと、棚に同じ服が二つ並んでいます。一つは1000円、もう一つは1200円です。どちらを買いますか？

この場合、誰でも、安い1000円のほうを買うでしょう。なにしろまったく同じ服ですから、安いほうがお買い得です。

ところが、世の中にはその当然のことを無視して、1200円の服を買う人もいるのです。こんな矛盾した行動をしている家庭は日本の9割にのぼります。

いったい何のことかといいますと、それは借金です。

借金をすると、お金のレンタル代金として利息を払わなければなりません。結果として、借りた金額よりも高いお金を払うことになります。日本の9割の家庭は、何らかの借金を背負っているのです。

そもそも、お金を貸してくれる金融機関の原資は、もとはお金を預けている私たちのお金なのです。わざわざ自分で高いレンタル代金を支払ってまでしてお金を借り、高い買い物をするのは、なんだか不思議で損な気がします。自分の畑でダイコンをつくっているのに、スーパーでダイコンを買うようなものです。

単純ですが、**いつも現金一括で支払うことが、節約をせずに最も安く買う秘訣です**。銀行にお金があるのであれば、カードでの分割払い（特にリボ払い）は避けるのが賢明です。

奥義！「お金の満足点リセット！」の術

「お金の満足点」をリセットするのに最適なのが、旅行です。

「お金の満足点」は自分の意思ではコントロールできないので、節約しても貯蓄ができない。だから、最初から天引きして自動的に貯まる仕組みをつくってしまえば、いつの間にか確実に貯まる……というのが、これまでのお話でした。

でもやはり、無意識でも節約を意識してしまうのが、今の時代の雰囲気です。

「旅行に行きたいけれど、お金がかかるから、やめておこう」

となってしまいます。昔の私がまさにコレでした。

ときどきは地方にいる友人と遊びたい。たまには遠くへ観光に行きたい。でも、お金がかかる。うーん、やっぱり旅行はやめておこう……というこの傾向、実はマズいパターンです。

なぜなら、「お金の満足点」が必要以上に抑えつけられているからです。このまま放っておくと「お金の満足点」が爆発して、無意味な買い物をしたり、ストレスだけが溜まったりしてしまいます。

どうしたらいいのか？

答えはとっても簡単。旅行に行っちゃえばいいのです！

「ええー、でもお金が……」

わかります。旅行は、けっこうお金がかかりますからね。ですが、こう考えてほしいのです。

「旅行をすることで、お金の満足点をリセットできる。行ったほうが楽しいし、家計的にも結果としてお得になる。だから私は旅行へ行くべきだ」

旅行へ行くと、すべての価値観が動きます。いつもとは違う風景、食事、言葉。それらがあなたの（お金はもちろん）すべての満足点をリセットし、正常な状態に戻してくれるのです。

結果として、旅行後は、気持ちもスッキリ。損はしていません。ステキな旅を買えたのだから。すべてがリフレッシュされて、楽しい日々がまた始まります。

さあ、旅行へ行きたいなら出かけましょう。

ムダ使いをしたくないなら、ときどきパチンコ屋へ行きなさい

とはいえ、旅行にはそうそう行けるものではありません。なにしろ、まとまった休日を取るのも一苦労。友達と日程が合わないから「じゃあ、半年後ね」となってしまい、「結局あの約束はどうなったの?」ということもしばしばです。そうこうしているうちに「お金の満足点」が爆発しては大変です。

そこで、小さなテクニックですが、今すぐにできる「お金の満足点リセット」のテクニックを紹介します。これを生活に取り入れると、衝動買いを減らしつつ、ストレスも緩和できます。

禁酒を例にして、考えてみましょう。

ビールを大好きな人がいきなり禁酒にチャレンジすると、「飲酒の満足点」が

抑圧されて、日ごとにビールを飲みたい衝動が強くなりますね。ストレスが溜まってしまい、やがて禁酒に失敗します。この場合、どうすればいいのか？

「飲酒の満足点」をリセットして、衝動・ストレスを緩和すればいいのです。

具体的には、ノンアルコールビールだけは飲み放題にして、ビールを飲みたくなったら、ノンアルコールビールを飲むようにするのです。これだけで「飲酒の満足点」はリセットされ、いつの間にか体から飲酒の習慣が抜けて、禁酒に成功します。私はこの「飲酒の満足点リセット」で禁酒に成功しました。おすすめです。

この「**満足点リセット**」はお金にも有効です。先ほどの旅行もリセットには有効な手段ですし、本当に必要なもの（「心の押し入れから起き上がってくるモノ」）、ブランド品などの高額品を買うのもいいでしょう。

使えるお金があまり手元にないときは、本やＤＶＤ・ＣＤ・ゲームなどを積極的に買ってください。これらに限らず、比較的安い商品であれば、あまり我慢せずに買うようにしたほうがいいでしょう。

この「満足点リセット」の方法を知らなかった昔の私は、節約時代に、なぜかモデルガンがむしょうに欲しくなりました。特にモデルガンの趣味があるわけでもないのに、何を思ったのか、3万円くらいするモデルガンを買ってしまったのです。

日々の節約がパー。今考えても謎の行動。たぶん、節約でストレスが溜まりすぎて、何かを買わずにはいられなかったのでしょう。

パチンコ・競馬なども同様で、無理をするとどこかで反動が出てしまいますから、無理にやめなくてもかまいません。

ただ！　一点だけ注意してください。それは、スマホゲームなどの課金や定期的に引かれる利用料についてです。

思い出してください。最高の貯蓄方法は「少額でも長く続けること」でしたね。ということは、**最悪のお金の使い方は「少額でも長く引かれ続けること」**です。ゲームを仕掛けている企業は、うまく儲ける方法をよく知っているのです。

「お金の満足点」をリセットするときには、「長く、定期的に（たとえ少額でも）引かれていく仕組みではないか」ということだけは、チェックしてください。

投資をするなら、興味がなくて苦手なものを選択肢に挙げてみる

「お金が貯まったら投資をしてみたい」という人もいると思います。投資についてはどう考えるべきでしょうか。

私はファイナンシャルプランナーという職業柄、正しいお金の知識教育（「金《きん》育《いく》」）の普及活動を行っています。

意外に思われるかもしれませんが、そこでは、**投資自体を最初から手放しでおすすめしません**。

「本当にみなさんに投資が必要かどうか、じっくり考えて、判断してください」と、必ず最初に申し上げています。

もちろん理由があります。それは、**投資が本当に必要な人は限られてくる上に、**

投資を行えば失敗する可能性が常にあるからです。

代表的な投資である株式投資をしている人（いわゆる個人投資家）は、近年、増えていると思いますか？　それとも減っていると思いますか？

答えはズバリ、減っています！　イメージとしては、いかにも「個人も投資をする時代が到来！」の空気がありますが、実際は反対の動きなのです。新聞報道などによると、２００７年以前は3割程度の個人が株式投資をしていましたが、２０１６年8月時点では2割程度にまで減っています。

減った理由は、２００８年のリーマンショックと呼ばれる金融危機が大きな原因だと推測されます。リーマンショックで個人投資家が大きく損をしてしまって、「やっぱり投資は損をするからやめておこう」と判断した人が多かったのでは、ということです。

せっかく着実に貯めてきた貯蓄を減らしてしまうかもしれない投資が、あなたには本当に必要でしょうか？

それでも投資を始めたいというのなら、まずは10万円程度から、最低1年間、練習してみることを強くおすすめします。そしてもちろん、一番確実にお金が貯まる方法は「普通に働いて、お給料を自動積立すること」だということをお忘れなく。

それに、**同じ投資をするなら、自分への投資をまず考えるのがいいのではないでしょうか。**

金銭的な投資での失敗は損失へとつながり、利益にはなりませんが、自分への投資なら話は変わってきます。たとえ習い事などで長続きしなくても、何か得るものは必ずあるからです。特に、ジムや料理・英会話などの習い事は最高だと思います。

ファイナンシャルプランナーとしてもう一つアドバイスをするなら、「相関係数が逆の（あるいは低い）」趣味・習い事をすることも考えてみてほしいということです。どういうことでしょうか？

簡単にいうと、分散投資するということです。

株式投資だけでは、どのように分散させても、値動きが景気と連動してしまいます。そこで、異なる値動きをする（＝相関性が低い）、債券や金（ゴールド）などの金融商品も併せて保有するのです。すると、値動きが違うのですから、全体としては比較的安定した運用ができるようになり、資産全体のバランスが良くなります。こうなると、どのような状況下でも比較的良い成績を残せる可能性が広がります。

これって、とっても良い方法ですよね。

この資産投資の考え方を、あなた自身への投資にも応用してほしいのです。そうすることで、あなた自身のバランスも取れて、良い結果が出る可能性も広がるからです。

自分への投資を考えるときは、今までの自分と関連性が低い趣味にも選択肢を広げて考えてみてください。たとえば、体育会系の趣味・習い事をしていた人なら、文化系の趣味・習い事を始めてみましょう。

あえて、苦手（だと思い込んでいた）分野に踏み込んでみるのです。きっと新しい発見があると思います。

第5章
もっと自由にお金を使う

第5章
もっと自由にお金を使う

POINT!

・お財布からカードを抜くだけで、適切な買い物ができる
・高額商品で迷ったら、一度、心の押し入れで寝かしてみる
・欲しいものがあるときは、明確にリクエストをする
・お金をあげるときは、まず値切る
・旅行に行きたくなったら、迷わず行く
・自分に投資をするなら、選択肢を思い切り広げる

第6章
正しいお金の管理のしかた

あなたは、家計簿をつけていますか?

正しいお金の貯め方・使い方を行った上で家計簿まで見直すと、毎日がさらに楽しくなります。

家計簿は買わなくてもいい

さて、自動積立後のお金を使い切るのに役立つツールが、家計簿。身近な存在である家計簿について、考えてみましょう。

家計簿自体は、何を使ってもかまいません。市販のカラフルな家計簿でもいいですし、自作してもいいでしょう。書店の家計簿コーナーへと足を運べば、本当にたくさんの、つけるのも楽しそうな家計簿が並んでいます。これらのどれを使ってもかまわないと思います。

私個人の意見としては、できれば1か月あたり1ページで収まるものが好ましいのですが、それでは全12ページで、全ページ同じ構成。そんなものは売っていませんから、今のところ私は自分でつくったものを使用しています。市販のものと比べるとかなり見劣りしますが、私にはこれで十分。もちろん、あなたが長年親しんだ家計簿がある場合は、引き続きそれを使ってください。

私はけっこう、面倒くさがり屋。家計簿につけるべきレシートは、財布に入れっぱなしです。長いときは10日以上レシートを溜めこんで、財布が膨らんできてからまとめて家計簿につけます。

家計簿はエクセルでつくっています。とはいっても、エクセルにこだわりがあるわけではありません。たまたま、手持ちのパソコンにエクセルが入っていたから使っているだけ。パソコンには強くないので、足し算と引き算しか数式は使えません。でも、それで十分。入力も簡単。レシートを見ながら、項目ごとに入力するだけ。計算はパソコンがやってくれます。

画面は、先ほど述べたように1か月あたり1ページ分だけで、翌月分は同じ画面の下に数字を消したものをコピーして貼りつけるだけ……。つまり、ひと目でその月のお金の動きが把握できるようにしています。

この「ひと目でお金の動きが把握できる」というのは、会社員時代の、決算書を見るときのクセが反映されたものかもしれません。決算書や家計簿を見返すのはけっこう好きなのですが、そんな私でも、1か月分が何ページにもわたっているとおっくうになってしまうのです。学生のころは手帳につけたりもしていましたが、これではひと目で理解することができません。

最近ではスマホなどでも管理できるようですが、正直いって、「画面が小さすぎて見にくい！」の一言です。私が年をとったからでしょうか……？

印刷もしません！　紙の置き場所が邪魔ですし、確認したいときにはパソコンを開けばいいのですから、必要ありません。

手づくりなら、お金もかかりません！

もちろん、あなたに私の家計簿のスタイルを押し付けるつもりはありません。家計簿の趣味・嗜好は人それぞれだからです。

まだ自分の家計簿が決まっていないという人はぜひ、書店の家計簿コーナーへと足を運んでみてください。運命の家計簿があなたを待っているかもしれませんし、もし見つからなければ、私のように自作してしまえばいいのです。

家計簿をつけるなら月に2回だけにしなさい

なかには、家計簿をつけていない、つけたことがないという方もいるでしょう。私の知人にもいます。家計簿をつけない理由をその知人に直接聞いてみると、「忙しくて時間がないから、家計簿はつけない！」という力強い答えが返ってきました。

そのときはそのまま流しましたが、彼は重大な考え違いをしています。**家計簿は短時間でつけるもの**。時間にして2、3分もあれば、半月分くらいはパパッとつけられるでしょう。当然、特殊な技術もいりません。

家計簿をつけたことがない人は、買い物のたびにレシートをすべてもらうクセを身につけてください。そして、もらったらすぐに財布にしまいこみます。

レシートを溜めていてもいいですし、本当に忙しいときには家計簿をつけなくていいのです。時間ができたときに、まとめて入力すればいいだけ。むしろ、ある程度まとめてから入力するほうが、効率もいいでしょう。

これまでの人生で、家計簿というものをちっとも理解できていなくても、問題ありません。「習うより慣れろ」です。しばらく続けていれば誰でもわかります。

それよりも、すでに家計簿をまじめにつけている人に、注意点が一つ。それは、**「家計簿をマメにつけてはいけない」**ということ。家計簿は見ての通り、数字の羅列です。そして、確実にお金は減っていきます。こればかりはどうしようもありません。生きている限り、お金が減るのは当然なのですから。

問題は、それを毎日眺めること。そんなことでは、気持ちが沈んでしまいます。もう貯蓄はできているのですから、わざわざ嫌な気分に浸ることはありません。

私のおすすめは、月に2回だけ家計簿をつけるようにすることです。

毎日つけても、月に2回だけつけても、家計簿の中身は変わりませんが、気分は変わります。忙しい人やマメな人は、月に2回だけ家計簿をつけましょう。

月末にたっぷりお金が残ったら反省しなさい

家計簿をつけるために、特別で難しいことは何もありません。拍子抜けされるかもしれませんが、それでいいのです。そうでなくては続けられません。ポイントを挙げるとしたら、次の二つだけです。

1. **自動積立後の残額がいくら**か**（今月いくら使えるか）が、ひと目でわかる**
2. **自動積立後の残額を当月中に使い切ったかどうかが、ひと目でわかる**

この二つの確認のために、家計簿を使ってほしいのです。

従来の「節約して残りを貯める」やり方では、月末になると気持ちが焦りだします。それは、月末が近づくにつれて、貯金できる額＝ゆとりがみるみる減っていってしまうからです。その結果、節約に拍車がかかり、さらに肩身の狭い苦しい思いをすることになります。

自動積立に貯蓄を一任して家計簿をつけはじめると、月末がとても楽しみになります。なにしろ、貯金は先にできています。「月末になんとかしてお金を残さないと……」などと考える必要はまったくありません。

この家計簿にルールがあるとすれば、「お金を使い切ること！」です。

想像してみてください。月末に「ああ、今月も貯金できなかった……」と後悔していたあなたは、この家計簿でこんなふうに変わることができます。

「よし、今月もきっちり貯金できたわ。それなのに、まだお金が残っているわ。どうやって使い切ろうかしら？」

収入はそのままなのに、世の中が少し明るくなって、ワクワクした気分になるでしょう。最初に起こる、この気持ちの変化が大切なのです。

家計簿を、暮らしのペースメーカーとして上手に活用しましょう。

ボーナスは毎月もらいなさい

お金が一時的に増えたときには、どうすればいいでしょう。

たとえば、ボーナスが発生したとき。ボーナスの額を一括で家計簿に記入してしまうと、突然、その月だけが大きく黒字になってしまいます。

これがまずいのです。もうおわかりですね。急に収入が増えたので、おなじみの「お金の満足点」が大きく動いてしまうからです。

不思議なもので、いつもは通常のお給料で生活できているのに、ボーナスが入ると、無意識のうちにドーンと出費が増えてしまいます。これは「お金の満足点」の仕業。普段、どんなに節約に励んでいても、一気にリバウンドしてしまうおそれがあるわけです。

ボーナスが必ず出るという方は、**自動積立の仕組みをつくるときに、ボーナス月の貯蓄額を多くするように設定しましょう。**ポイントはやはり「頑張って貯めようとしない」「高額を設定しない」こと、そして、「天引きしたあとのボーナスは使い切る」こと。なにしろ、必要な額はすでに貯金していますから、問題はありません。

ただ、あまり急に使い切ると、「お金の満足点」が上昇したままになりがちです。困ったことに、「お金の満足点」は「上がりやすく下がりにくい」のです。

これを「ラチェット（歯止め）効果」ともいいます。文字どおり、出費に歯止めが効かなくなってしまうのです。あなたにもそんな経験がありませんか？

私のおすすめは、**ボーナスを6か月などの期間で割ってしまう**こと。こうすると、毎月の使い切り金額にボーナスを割った分が上乗せされて、さらに楽しく過ごすことができます。しかも、お金の満足点は上昇しすぎません。

ただ数字をいじっただけですが、効果はバッチリです。ボーナスのある会社員の方は、ぜひやってみてください。

まじめな人は、真剣にムダ使いをしなさい

ここまで、「お金を使い切りましょう」と繰り返してまいりましたが、内心、こう思っていらっしゃる方がいるかもしれません。

「そうはいっても、なんだかもったいない気がする」

「どうしても抵抗感がある」

こう思ったあなたは、もしかすると「絶対金《きん》感」の持ち主かもしれません。

絶対金感は私がつくった造語で、元ネタは「絶対音感」。ご存じのとおり、絶対音感とは音階を完全に聞き分ける能力のこと。私は（本当に）音痴なので、絶対音感を持つ人をうらやましく思うのですが、あまり音階がわかりすぎると、街中のあらゆる生活音がドレミに変換され、気分が悪くなってしまうこともあるよ

うです。

モノ、サービスの金額や、自分の収入・出費を完全に管理できる感覚を持った人のことを、私は尊敬の念を込めて、絶対金感の持ち主と呼んでいます。

絶対音感を持った人に悩みがあるように、絶対金感の持ち主にも悩みがあります。それは、モノの本当の価値がわかり、家計をコントロールできればできるほどに強くなる悩み、つまり、**ムダ使いができなくて、息苦しい生活を送ってしまうという悩み**です。

絶対金感の持ち主は、友達と楽しく外食をしようと思っても、無意識に頭の中でコストを計算してしまいます。すると、「自分でつくったほうが安上がりだ」という結論から外食を敬遠したり、本当は食べたいものが別にあるのに一番安いメニューを頼んでしまったりして、食事を楽しむことができません。

遊ぶときにもひと苦労します。家計簿の勘定項目で、食費や服飾費を完ぺきにコントロールできるがゆえに、遊ぶことにお金が出せなくなるのです。

買い物でも同様。常に節約や費用対効果が最優先事項となり、本当に欲しいものや流行に乗ったものは後回しになりがちです（いずれも、浪費癖のある人からするとうらやましいお悩みですが……）。

この悩みを解消するには、**家計簿の勘定項目に「ムダ使い費」を設ける**ことです。ムダ使い費は、遊んだり、趣味に使ったりするためのお金。文字どおり、ムダに使うためのお金です。

今まであまりにも管理しすぎていたのですから、予算は少額でも十分です。絶対金感の人はお金の管理が完璧にできますから、ムダ使い費を設定すれば、上手にその範囲内で遊ぶことができます。

外食や遊ぶための費用もこの中から出すことにすれば、絶対金感の持ち主でも、心の底から消費を楽しむことができます。

絶対金感とまではいかなくとも、お金を使い切ってしまうのに抵抗を感じるという方も、自由に使える予算「ムダ使い費」をぜひ設けてみてください。

また、中にはパートナーから「あなたってホントにケチね！」と言われて落ち込んだ人もいるかもしれません。

ですが、落ち込まないでください。ケチはとても素晴らしいことです。一般的にケチとは「金銭や品物を惜しがって出さない人」を指します。彼らはなぜ「惜しがって」いるのでしょうか?

ケチな人は、直感的に何かを感じ取っているから「惜しがって」いるのだと、私は思っています。ケチでない人は、直感的にその何かを感じ取る力が弱いか、あるいはとてつもない大金持ちのどちらかなのかもしれません。

その何かをあえて言い表そうとするのであれば、それは「より良い使い道をなんとなく知っているから」でしょう。

ケチな人はきっと「目先の小さな利益や幸せのために、たとえ少額でもお金を失うのはもったいないことだ」と考えています。いえ、考えているというより、そう思わずにはいられない性格なのです。

そして、ケチな人は意外に「もっと大きな利益や幸せのために、多額のお金をポンと使い切るほうが楽しい」と思っているのかもしれません。

たとえあなたが他人から「ケチね!」と言われたとしても、褒め言葉として受け取っておきましょう。あなたは、自分にとって価値のあることにこそ、お金を使い切るべきなのですから。

第6章
正しいお金の管理のしかた

POINT!

・家計簿をまだ持っていない人は買う、または自作する
・忙しい人、マメな人こそ、家計簿は月に2回だけつける
・家計簿はお金を残すために使わない、使い切るために使う
・ボーナスが出る人は、ボーナス月だけ自動積立の設定額を少し増やす
・残りのボーナスは6で割って、毎月使う
・絶対金感の持ち主は、家計簿にムダ使い費を設定する

第7章
家計を変えれば人生も変わる

お金を使いこなせれば、あなたの人生は、確実に変わっていきます。
家計を変えることは、自分を変えることにつながっているからです。

あなたがわがままになるだけで、みんなが喜ぶ

この国には、景気を握る3人のキーパーソンがいます。一人は内閣総理大臣（政府）、一人は日本銀行総裁（日銀）、そしてもう一人は……あなたです！

私が店長としてお店を管理していた頃、お店の入っている百貨店全体の売り上げが悪かった時期がありました。ちょうどデフレまっただ中で、頑張っても成果が出にくいご時世だったのです。こんなとき「ああ、早く景気が良くならないかなあ……いったいどうしてこんなに景気が悪いんだ！　きっと政府や日銀が悪いに違いない！」などと考えたものです。

今思えば、それは間違いでした。政府や日銀のせいだけにしていてはいけないのです。景気浮上のカギを握っているのは、私たち一人ひとりなのですから。

なぜか。その答えは「ゴウセイノゴビュウ」にあります。漢字にすると「合成の誤謬」。「合わさることで間違える」ことで、一般的には「一人ひとりでは良いことだけれど、みんながするとまずいことになる」という意味で使われます。

もっとわかりやすいたとえがあります。トランプの七並《しちなら》べです。

七並べの一般的なルールは、場に出ている7の札の前後に手持ちのカードを出していって、先に手札を使い切ったら勝ちというものです。

パスをすることもできて、これが勝負の分かれ目になります。戦略的にパスをすることで他の人の進行を停滞させたり、相手が欲しいカードを出さないことで、自分にとって有利な流れにしてしまうのです。

では、もしも、全員が自分が得をするように考えたら？　みんながカードを停滞させたら？　……回りまわって、今度は自分も出せなくなってしまいます。

これが七並べの合成の誤謬です。一人ひとりは自分が得をするように工夫しているのに、みんなが止めてしまったことで、みんなが困ってしまったわけです。

ところで、景気には循環する性質があります。景気は良くなったり悪くなったりを繰り返すのが当たり前なのです。循環には、良い流れと悪い流れがあります。

◆**良い循環**

銀行の金利低下（お金が借りやすい）↓お金を借りる企業や個人が増える
↓企業の設備投資活発化、個人の購買意欲向上　↓企業の売上アップ
↓給料アップ　↓消費活発化　↓さらに企業の収益アップ　↓さらに給料アップ
（※行きすぎた物価上昇と判断されたら、日銀が金利を上昇させて景気にブレーキをかけます）

◆**悪い循環**

銀行の金利低下（お金が借りやすい）↓それでもお金を借りる企業・個人が増えない
↓企業の設備投資低迷、個人の購買意欲低下、節約・貯蓄　↓企業の売上ダウン
↓給料ダウン　↓消費低迷・物価下落　↓さらに企業の収益ダウン
↓さらに給料ダウン（※行きすぎた物価下落と判断されたら、日銀が金利をさら

に低下させ景気を良くしようとしますが、それでも私たちは節約から抜け出せません。今、私たちはココにいます）

景気の良し悪しとは、みんなのお財布のヒモのゆるさ・固さです。

いってしまえば、景気は気分次第。みんなが気分良くお金を使えば景気は良くなりますし、反対に暗い気持ちで節約に励めば景気は悪化します。不景気は七並べの話と同じく、みんなが流れを止めるから起こるちょっと困った結果です。

政府や日銀も、景気が良くなる作戦を一応考えてはいるのですが、景気が一向に良くならないのは、私たちみんながお金を使わないからです。

日本に住むみんなが、今よりも少し明るい気持ちでお金を使うようになれば、一気に景気は上向き、お給料も上がります。むしろ、そうならない限り、景気が良くなることはないのです。

新しい公式を使いこなせば何も心配はいりませんので、明るい気持ちになれます。景気回復のカギは、その「明るい気持ち」にこそあるのです。

それでもお金が足りないのなら

もし、これまで触れてきたやり方を実践して、数か月がたったときに
「やっぱりお金が足りない・生活費が苦しい」
と感じるようなら、まず次の三つの点を見直してみてください。

・**毎月の自動積立の金額**は、本当に適正でしょうか？
・焦ったり頑張りすぎたりしていませんか？　**貯蓄には時間が一番大切**です
・**最優先は「衣」と「食」**です

「うーん。三つの点を見直してみたけれど、やっぱり生活が苦しい」

わかりました。その場合は、ためらわずに自動積立を解除して、生活費へと回してください。本当に生活が苦しいときは、自動積立は中止してもいいのです。たかが貯蓄です。**今のあなたの生活のほうが、よほど重要です。**

生活が苦しいときの気持ちが、私にはとてもよくわかります。私自身がそうだったからです。

やることなすこと、すべてが裏目に出る。

不思議と悪いことばかりが続く。

うつ病と無職のダブルパンチで苦しんでいた頃、私はずっとそう思って、沈んだ気持ちでいました。

ですが、そんな困ったときこそ、お金の出番なのです。ためらわずに貯蓄を使ったり、ストップしたりしてください。迷ってはいけません。

なまじお金の知識がある人や、貯蓄への意識が高い人こそ陥りがちな落とし穴が、ここにあります。

昔の私がまさにそうでした。お店の経営をしたことがありましたから、その要領で節約・貯蓄をムダに頑張りすぎてしまったのです。結果はすでに記したように、最悪な気分。まったく間違ったことをしてしまったのです。

困ったときの正しいお金の使い方は「**困ったときこそ、楽しく使う**」です。

同じお金でも、会社の会計と家庭の家計は、まったく違うものです。

会社のお金は、事業の拡張・経営の安定性確保などのために使われます。

それに対して、**家計の目的は「楽しく生活すること」**。基本的にこれに尽きます。

たとえば、高額の住宅ローンを背負っている人が会社を急にリストラされたとします。企業会計の立場から見ると、住宅ローンは負債であり、毎年価値が減っていく資産ともとれます。会計を圧迫しているのですから、早急に売却して、家賃の安い賃貸に引っ越したほうがいいという考え方もあるでしょう。

これを家計として捉えれば、まったく違う面が見えてきます。いくら住宅ローンが高額であって、貯蓄を崩したり、貯蓄をストップしたりしながらであっても、毎月支払ってさえいれば、いつかは完済できるでしょう。貯蓄がなくとも、生活はなんとか成り立ちます。住宅の資産価値が経年劣化で目減りしても、関係ありません。売ってしまえば安い価格で買い取られるかもしれませんが、売らなければ、いつまでも自分の家です。

昔の私のように、家と企業のお金を混同している人は、もう一度考え直してみてください。**お金は、あなたを助けるためにあります。苦しめるためではありません。**

私がうつ病で無職だったときのことに、話を戻します。

そのときは、永遠に悪い状況が続くと思っていました。

でも、徐々に事態は好転していきました。

四季が巡るように、景気も循環します。

景気が循環するように、あなたの状況も変化していきます。

今が悪くとも、いつまでも続きません。

今が悪い人は、お金を自分のために使ってください。

今が良い人は、自動積立で将来に備えてください。

いつか必ず、あなたの世界は変わります。

実は、何をやってもダメなときこそ、うまくいく

読者のみなさんの中には、今までの人生で、何度もひどい目に遭ってきたという人もいるでしょう。

「家計を変えても、どうせ私には何もできないわ」

「きっと、何も変わらないのさ」

「また同じことの繰り返しよ」

「何をやっても悪い結果になるんだろう」

そんなふうに考えていませんか？　失敗が続くと、人は学習して、常にこんな考え方に陥ってしまいがちです。

私も以前は、長いあいだ、そう思っていました。

ですが、**悪いことが起こる確率は、実は誰でも同じ**なのです!

あなたは、タクシーの後部座席に乗ったとき、シートベルトを締めますか?

ハンドルを握って運転するときはどうですか?

席の種類ごとの、シートベルトを締める人の割合を調べた、警察庁とJAFによる合同調査の結果を見てみましょう。

・運転席　…98%
・助手席　…90%
・後部座席　…35%

おや? 後部座席だけが異常に低いですね。なんとなく理由はわかるような気もしますが、同時にこれはどう見ても不自然で、非合理的な行動と思えます。

どの位置に座っていようとも、車が事故に遭う確率は一定のはずです。だから、どの席に座るとしても、シートベルトは常に締めていなければいけません。後部座席に座ることの多い、体が小さくて弱い子どもや高齢者ならなおさらです。それなのに締めないとは、実に不自然な行動であるといえないでしょうか?

万が一交通事故に遭えば、自動車保険が役に立つこともあります。その自動車保険の掛け金などは、事故が起こる確率などから逆算して設定されています。今までの膨大な事故のデータから、確率がわかるのです。

保険会社は、人身事故の場合には多額の保険金を保証してくれることがあります。そんなに支払っていて、保険会社が潰れることはないのでしょうか?

そこは、ちゃんと計算されています。保険会社は、事故の際に保険金を支払っても、普通なら赤字になりません。計算上、事故に遭う確率は一定であり、その確率は大変低いためです。そうでなければ、少額の保険料で高額の補償金なんて出せませんね。

このように、一見すると法則性がないような自動車事故でも、多くのデータを集めると、ある一定の数字が現れてきます。これを「大数《たいすう》の法則」といいます。

大数の法則を、あなたにも当てはめてみましょう。

悪いことに遭うおそれは確かにありますが、その確率は大変低い。そして、幸せなゴールにたどり着く確率のほうが、はるかに高いのです。

仮にあなたのこれまでの人生がうまくいっていなかったとしても、それは、今までたまたま、サイコロで悪い目が出続けていただけなのです。連続で悪い目が出たからといって、今後も悪い目が出ることが約束されるわけではありませんね。

大数の法則によれば、サイコロを振る数を増やせば増やすほど、悪いことの発生率は低下していきます。**あきらめずに繰り返し行えば、幸せの確率は飛躍的に上昇する**ということです。

ハッキリいいますと、**私やあなたに悪いことが起こったのは、偶然です**。私やあなたの人生におけるほんのわずかな悪い経験は、ちっともあてになりません。

あなたの身に悪いことが連続して起こったからといって、そこで委縮してすべてをあきらめてしまうのは、不自然で非合理的な判断だと思いませんか？

誰にでも交通事故に遭遇する可能性が（わずかにでも）あるように、誰にでも幸福なことにめぐりあう可能性が（たくさん）あるのです。

今日から節約とは「さようなら」そして、優しいあなたに「おかえりなさい」

「サイコロを振る＝行動を起こす」ことに、何も難しいことはありません。

勇気も必要ありません。

正しいお金の使い方を実行するだけで、スタート地点に立てます。

この本は、まだお会いしたことのない「あなた」へ向けて、書きはじめました。

そして、あなたと話し合いながら書いてきたつもりです。

そんなあなたに最後にお伝えしたいことがあります。

それは、**家計の改善は、まだほんの始まりにすぎない**のだということ。ここからがあなたの本当の人生のスタートなのです。

想像してみてください。

日々お金を貯めなければならない心配から解放されたら、どんなにすがすがしい気分でしょうか。「節約第一」の精神で息苦しかったこれまでの生活とも、おさらばです。

これでいよいよ、本当のあなたが始められる準備ができました。今までは、お金によって無意識のうちにも制限されていた感情が、少し自由になります。するると、行動が変わります。行動が変われば、人生も変わっていきます。

まず当然ですが、「**資産ができる**」。収入から先に自動積立へと回していますから、何もしなくても、安定して貯蓄を進めることができます。資産形成に一番必要で効果が高いのは「継続して行う」ことでしたね。あなたが自動積立を続ければ続けた分だけ、資産が形成できます。

こうすることで、「**不要な借金のリスクが減る**」ことが期待できます。資産があるのですから、わざわざ高い買い物=借金やローンを組む必要がなくなります。結果として、一番安い買い物=現金での買い物で済むようになります。

そして、「**人生の目標や夢が達成しやすくなる**」。これは、毎月お金を使い切ることで、自分の人生のライフイベント・目標・夢の達成確率が格段に上がるからです。

「体調が良くなる」「外見がきれいになる」「部屋もきれいになる」。これも当然です。なにしろ、お金の使い方が変わりました。あなたに一番必要な「衣」と「食」に、お金という栄養が優先的に送り込まれますから、日々の生活が今よりもぐんとレベルアップします。

生活は日常そのもので、日常の連続が人生です。良い人生だったかどうかは、今日この瞬間の日常がどんな状態かによるのです。大げさなお話ではなく、**確実に「人生が楽しくなる」**のです。周囲の環境は変えにくいものですが、家計はあなた次第です。

そうすると、「**自分に自信が湧いてくる**」ようになります。資産もあって、人生の夢も次々と現実になり、「衣」と「食」が満ち足りているのですから、自分に自信が持てないわけがありません。自然と「**サイコロを振る＝行動を起こす**」ようになることができます。

「**笑顔が増えます**」。お金の心配がなく、人生が順風満帆……思わず笑顔があふれてきます。


そんなあなたを、周囲の人が見たらどう思うでしょうか？

話しかけてお友達になりたい、と思われるのではないでしょうか？

異性から見ると、大変に魅力的ではありませんか？

ビジネスの現場ではどうでしょうか？　誰からも信頼される人物になっていくでしょう。


こうして「**さらにいいことが次々に起こる**」ようになります。


正しいお金の使い方をするだけで、本来のあなたが戻ってきます。

本当のあなたに「おかえりなさい」。

おわりに

北風と太陽

あるとき、北風と太陽が勝負をします。

勝負の内容は、旅人の上着を脱がしたほうが勝ち、というもの。北風が思い切り強い風を吹かすと、旅人は上着をしっかりとつかんでしまい、結局、脱がせられませんでした。次に太陽が暖かい日差しを送ると、旅人は自ら上着を脱いでしまいました……。

これはみなさんご存じのイソップ寓話の一つ「北風と太陽」のあらすじです。

この話の示すところは、私なりの解釈では「一見して強そうな手段よりも、温和な手法のほうが人の心を動かしやすい」ということだと思います。

ひるがえって、家計もそうではないでしょうか？

私は、家計とは心理ゲームのようなものなのではと思います。

その日の気分次第で、大きく結果が変わってしまうからです。もしそうでないならば、毎月誰でも機械的に数字を管理することができなければなりませんね。

それならば、心の働きを家計に導入することで、反対に数字を管理しやすくすることもできるはずです。

そこで生きてくるのが、「北風と太陽」のお話です。

旅人はあなたで、北風が「節約」です。そして、太陽が「自動積立して残りを使い切る」です。北風が節約の風を吹けば吹くほど、あなたはストレスを強く感じます。ですが、太陽が優しく「使い切っても大丈夫だよ」とささやいてくれたなら、あなたは安心するでしょう。

あなたの家計は、あなたに強風を送っていますか？

それとも、温かい日差しでしょうか？

ほんの少しの心の働きの違いが、大きな差となってあなたの人生を温かくするのかもしれません。


この本の内容が、あなたの北風を太陽に変える力になりますように。

最後までお読みいただきまして、誠にありがとうございます。


節約が嫌いなファイナンシャルプランナー　佐々木 裕平

◉著者プロフィール

佐々木裕平（ささき・ゆうへい）

金育研究所 代表
１級ファイナンシャルプランニング技能士、二種外務員

1979年、広島県広島市出身。中京大学商学部商学科を卒業後、パン小売業の株式会社アンデルセングループに勤務。当時最年少で店長を務め、万年赤字店舗の黒字化達成などの業績を挙げる。退職後、ファイナンシャルプランナーとしては最難関といわれる「１級ファイナンシャルプランニング技能士」の資格を取得、広島市内に佐々木裕平ＦＰ事務所（現・金育研究所）を開業。「広島市で一番わかりやすい投資セミナー」を標榜し、中立で公正な立場からの誰にでも理解しやすい説明が身上。行動経済学会所属。

著書

『入門 お金持ち生活のつくり方』（こう書房）
ほか、電子書籍９冊を刊行。

ホームページ

金育研究所
https://kinikukenkyuusho.amebaownd.com/

ブログ

居住費1万円生活ドタバタ日記♪
450万円の中古住宅からお送りするヘッポコ生活！
http://ameblo.jp/kinikukenkyuusho/

お問い合わせ先

yuhei19790825@gmail.com

どんどん使ってもみるみる貯まる
ストレスゼロの絶対貯金

発行日　　2017年 1月31日　第1刷

定　価　　本体1300円＋税
著　者　　佐々木裕平
発　行　　株式会社 青月社
〒101-0032
東京都千代田区岩本町3-2-1 共同ビル8F
TEL 03-6679-3496　FAX 03-5833-8664

印刷・製本　株式会社シナノ

ISBN 978-4-8109-1311-8